破格啟航

七大章節剖析強者蛻變捷徑
開拓你的專屬成功道路

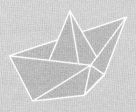

白輅———著

八方出版

書從七個方面介紹了人生三十歲之前，應該培養的「現實解讀力」與「慾望駕馭力」，以立足多個視角，認知自我、覺知自我、管理自我，升級思維並有效實踐，在與高手過招中，實現個人發展與人生躍遷。

推薦序

　　踏入社會的前 15 年是個人事業發展的黃金期，對於大多數人而言，這個階段充滿了機會與選擇，也充滿了迷惘與不確定性。受各種條件所限，很多人在校園當中並不具備相對完整的社會化體驗，因此在還沒做好心理準備與人生規劃的狀態下就匆匆啟動了自己的職業生涯。在這人生的黃金階段，事業的打拼成了我們人生的必修課，同時很多人還需要在這些年完成家庭的建構、下一代的撫育，啟動單個角色到多個角色的轉換。似乎人生中 80% 的重要任務，都被密密麻麻地安排在這不到 20% 的人生裡，縱使拼命向上，也少不了幾個跟蹌。那麼，如何用正確的思維規劃這些年的生涯，則是至關重要的——我們應對事物的態度與方法，十字路口的關鍵決策，都極大地影響著我們的後半生。

　　在我創辦獵聘之前，行動網路還不像今天這麼普及，大量的優秀人才一方面沒有足夠的精準訊息幫自己找到那條最適合的職業發展路徑，另一方面也沒有足夠優質的平台為自己提供足夠滿意的中高端職位。更好的人才配對更好的服務，才能讓他們的優勢落在能夠讓優勢最大化的位置，於是我創建了獵聘，為求職者、企業、獵

頭之間搭建互動的平台。在獵聘的招募生態中，針對個人使用者的服務貫穿求職者整個職業生涯。我一直提倡，人人都該有自己的獵頭顧問，這樣在面臨職業選擇和困惑的時候才能夠獲得更加有效的引導，從而在對的時間、對的地點做出對的決策，為自己鋪一條更寬廣的道路。

可喜的是，在當下這個時代，媒介越來越發達，越來越多的人可以打破地理環境的藩籬，透過更加豐富的資訊了解自己、評估自己，尋求更適合自己的事業發展路徑，同時也可以轉換身份，從訊息的汲取者變成訊息的分享者。越來越多的人透過文章、影片等方式分享自己的職業見解，幫助他人。在許多優質的部落客之中，白鴒是非常特別的一位，她對問題的分析並不僅僅停留於感知層面與理論層面，而是能夠穿透現像看本質，幫助更多人從本質上剖析自己、剖析世界、從而更加準確、有效率地為自己做出生涯規劃。好的內容絕對不乏慧眼識珠的關注者，白鴒的創作平台吸引了各行各業的優質人才，甚至不乏大量的企業管理者與創辦者，可謂優秀的內容協助優秀的人才創造了優秀的價值。然而，白鴒不止於此，她藉由這些年的所見所思以及各式人才的成長案例，輸出了一套深度的、客觀的、行之有效的體系化理論，並以書籍的形式給大家帶來更具有長期指導性的價值。毫不誇張地說，這是近年來一本難能可貴的關於生涯規劃的好書。觀點犀利直切要害，視角獨特緊貼現實，更重要的是，展示了許多同類書籍從未提及的底層邏輯。

閱畢本書，對許多章節的印象都頗為深刻。本書中許多同類書籍未曾提出過的概念，讓大家能夠更加迅捷地抓住自己生涯規劃的重點，同時也讓大家明白該如何提升那些潛藏在冰山之下的軟技能。譬如心力的概念是許多職場書籍未曾提及的，但是一個人想要獲得更大的事業成就，則必須修煉出一顆充滿力量的「大心臟」；譬如意義解讀法，當下這個時代人們總是被過多的物質所包圍，被消費主義所裹挾，從而構成了意義感的中空，但是意義感之於個人奮鬥，是源源不斷的能量來源，也是構成人生幸福感的必要組成部分；譬如決策中的自我覺知，欲戴王冠必承其重，每一份艱難的成就都必然伴隨著不為人知的壓力，當我們在壓力與焦慮中做決策時，很容易出現失誤，自我覺知的概念對於許多決策層的人士有著巨大的幫助，可以在失誤發生之前感知自身的變化，防患於未然。本書關於思考模型的章節也十分有價值，很多職場人並不具備一個完備的思維模型工具箱，從而導致自己的所思所行機械化、隨性化，無法有效地將自己的工作做到極致且持久。而書中提供的多種思維模型，能夠使我們的工作更有的放矢，卓有成效。

　　如果你此刻還是個新晉職場人，這本書能夠讓你提前看清事業發展的本質，更早地找到適合自己的職業路徑。如果你已經在職場奮鬥多年，這本書將會幫你從一個更加深層的視角梳理自己的奮鬥歷程，讓自己職場的下半場走得更扎實、更長遠。白鴒作為一個多年的企業經營者，透過大量真實的案例與實操建議，給大家提供了一些可行性很強的精進思路。書中很多知識都是在普通的職場環境

中難以直接獲取的，能夠給很多奮鬥中的職場新人積極向上的思考空間，也會給很多中高端人才更富有想像力的人生期待。

　　簡而言之，這是一本關於生涯發展的指導手冊，能讓你為自己的高預期尋覓到一片肥沃的生長土壤，同時，會幫助你建構一個更加廣闊的世界觀，從更為宏觀的視角看到自己的向上路徑。通讀整本書你會發現，它關乎事業，又不僅僅停留於事業。它更像一套自我成就的心法，讓人透過正確的思考框架更有效率地投入實踐，從而贏得屬於自己的理想人生。

獵聘創辦人兼 CEO

戴科彬

自序

奮鬥的這些年,你是否思考過,自己的思考觀念是否順應這個世界的規律?

身為一名影片部落客,我每週都會在影片網站的直播當中回答超過 300 個關於個人發展的問題。日積月累,答過的題目數以萬計。大多數時候,人們都渴望解決一些已經發生的具體問題,但是很少有人更為前瞻性地考慮:在漫長的人生當中,成為一個能成事的人需要建構哪些思考觀念,符合哪些社會規律?

如果我們已經付出了巨大的努力,卻發現實現目標格外費力,那麼,我們也許應當站在更大的空間中審視自己,過去形成的奮鬥觀念與這個社會的既有規律是否吻合,為何有些人看似輕鬆就能達成目標,而有些人付出大量的努力依然難以脫穎而出。

勤奮、吃苦的態度固然可貴,但是脫離了社會規律的奮鬥亦如逆水行舟,事倍而功半。那些成功者的血淚史總是被人津津樂道,但若是拉開時間與空間的距離遠觀就會發現,所謂的成功者往往是

在正確的時間、正確的地點，用正確的方法做了正確的事。他們有意無意地與社會規律站在了一邊，從而借力發力，能夠比他人更快、更多地獲取社會發展所帶來的紅利。

除了社會規律，更為底層的，則是看透我們自己的規律：他擅長演講，我擅長畫畫；他擅長數學，我擅長英語；他睡四個小時就夠，我睡八個小時才能精神飽滿。世界上的每一個個體之間都存在著巨大的差異，所以即使大家走在相同的路徑上，最終也會抵達不同的目的地。因此，唯有深刻洞察自己的規律，才能在發展的過程中走對路徑，將個人優勢發揮到極致。

脫離校園進入社會若干年，我們自然而然地看到人與人發展週期的差異性。有些人名校畢業卻高開低走，難以延續人生的輝煌，有些人早年資歷平平，卻能透過幾次折騰改變命運。後者比前者多的，並非是智商、努力、家庭背景，而是對於社會規律與自我規律的深刻洞察與知行合一。然而很少人有機會意識到這是人生快速發展的重要訣竅。

很長一段時間以來，富人思維、窮人思維的理論大行其道，彷彿出身定終身，但是這種粗暴的二元概念對於人的實際發展並沒有足夠的指導意義。在進入社會的這些年中，我看到很多出身普通的人不僅獲得了很好的發展，而且突破束縛，連續通關。他們甩掉了教條化的奮鬥觀念，也擺脫了原生家庭存在的認知桎梏，在自我規

律與社會規律的碰撞中建構了一套關於如何把事做成的思維框架。這些框架貼合現實與實際，因地制宜，讓他們具備了一種做什麼成什麼的能力。

然而這些思維框架並未廣泛傳播，因為它們往往並非刻意練成，而是在重複地把事情從 0 到 1、從 1 到 100 做成的過程中自然形成。人磨事，事磨人，我們在持續解決問題的過程當中，會因為屢次成功地解決問題而將自己的思維塑造得更加高效，形成一種善於將事情做成的思維框架。在本書當中，我將會系統性地闡述如何順應規律，建構成事的思考架構。

全書七章內容，既有他人經歷的複盤，也有實操方法的總結，能夠讓我們系統地將他人的成功經驗遷移到自己的認知中，形成一個相對完備的成事框架。如果我們能夠將該框架在實踐當中反覆運用，將會大幅提升我們做事的「內力」，同時在面對比自己更高階的合作者時，將會有一套與之平行的思維系統，站在更高的格局上為自己創造機遇。

希望本書可以幫助你成為一個優質的思維框架搭建者，當潮湧般的資訊湧入大腦時不再迷茫，而是能夠快準狠地找到一個正確的方向，比他人更快看到優勢、佔據優勢、累積優勢，實現人生躍遷。

CONTENTS

CONTENTS

01

第一章

用強者的視角解讀現實

01

接納現實的不確定性

你有強大的心力嗎？

在上拳擊課的時候，教練反覆告訴我們，核心要穩，這樣才能夠擋得住猝不及防的攻擊，也能在向外攻擊的時候相對穩定，增加攻擊的有效性。小時候為了強身健體，被父母送去學武術。第一個月幾乎每天都要花大量的時間蹲馬步，烈日炎炎下一直保持同一個動作，汗流浹背，感覺自己就像麥田裡的稻草人，枯燥極了。我們實在忍不了就對著老師嚷嚷，能不能來點武俠片裡的絕招學學，誰跟人打架一直蹲著啊！老師大手一揮，指著我們的腦門說：「小孩就是沒耐性，再強的高手都要先做到穩啊，就算你有降龍十八掌，對外發功的時候先把自己給打飛了，豈不是丟臉？」

　　後來也沒有學到什麼少林絕學，只是打架的時候拳頭更硬了。長大後再想起老師的這句呵斥，倒是覺得更有參考意義。想想自己，剛進入社會的前幾年總是心浮氣躁，老想著走走捷徑。後來才發現，在這個社會上，不管是進取還是防守，穩才是硬道理，唯有穩了，各項功夫才能拿捏得恰到好處。穩是什麼呢？

　　穩，是一種強大的心力。

　　「心力」這個字作為「自信心」的拓展形態，這些年被越來越多的人運用。我們常說，某企業家心力很強，隱忍厚重，終成大業；某運動員心力很強，追金奪冠，有王者風範；某專家心力很強，攻堅克難，讓所屬領域跨步向前。但一個詞愈是含義豐富，則愈缺乏準確性，愈像一個過度抽象的概念。為了更能理解這個概念，我列出一些強大心力所體現的特質：

　　對目標很篤定，對負面的外在因素有較強的免疫力；
　　能夠快速消化失敗，用更好的狀態劫後反彈；
　　不被焦慮控制，大多時候都能保持相對平靜的狀態；
　　活在理性的框架內，做重大決策時能夠深思熟慮；
　　有勇氣落實艱難的決定，不因情緒搖擺而擱置；
　　目光長遠，不易被當下的誘惑過度干擾；
　　……

如果你的行事方式與上述特質接近，證明你是個心力較強的人，做什麼事都更容易成功。但是大多數人都在修練心力的路上，或是還未找到這條路的入口。心力強弱與人生的成就大小和幸福頗有關聯。假如人生是一段狀況複雜的漫漫長路，心力強的人與心力弱的人更像是兩種性能的車，前者比後者底盤更穩，操控性更強。雖然兩者都可以上路，但是在面對複雜的路況時，前者更容易以更穩定的狀態抵達更遠的地方。隨著成長，我們每個人的心力強度也在不斷提升，這個過程是「個人性能」增強的一個過程，以前令我們頗感壓力與痛苦的事情，在經歷了相當的閱歷之後就變得更容易逾越了。一方面是因為經驗的增加，另一方面則是因為我們的心力強大了，內在的穩定性讓我們面對變化的時候更加游刃有餘。

可見心力並非一成不變，而是可以有成長也可以有損耗。當閱歷成為經驗之後，我們的心力就會在這個領域有所增長，越來越能展現出自己強大有力的一面；當我們面對事物沒有足夠的認知與控制力時，心力就會被消耗，進而讓我們整個人的狀態羸弱不堪。心力的強與弱，不僅體現在我們自身當下的心理素質上，也體現在當下所面臨事物對我們的影響上。

是什麼在損耗我們的心力？

《六祖壇經》中記載：「時有風吹幡動。一僧曰風動，一僧曰幡動。議論不已。惠能進曰：不是風動，不是幡動，仁者心動。」

六祖惠能流浪到一地，聽見一僧道「是風吹著幡動」，又聽一僧說「幡動而知風吹」，惠能卻道：「不是風動，也不是幡動，而是心動。」

這個場景中所體現的，就是外物對我們心力的影響。我們看到外界變化的時候，會沉浸在這種變化當中，內心生出一圈圈的漣漪，進而也會擾動我們此刻所思所做的事情。

因此，我們想要讓心力飽滿，給自己帶來穩定感，最重要的事情就是降低外在事物的不確定性對我們內在的侵擾。你是否經歷過以下場景：

努力複習考試，但是常常擔心自己考不好，甚至焦慮到無法入睡。

刷好友動態看到別人家的海景別墅，再看看自己的斗室，瞬間對未來更加失落、迷茫。

買了一檔持續看漲的股票，結果剛買就下跌，好怕錢都虧掉，於是忍痛割肉！結果剛賣又漲回來了！

交到了一個優秀的男朋友，但是總擔心他背著自己喜歡其他人，每天不得不查一次他的手機才滿意。

昨天提交了專案計劃給老闆，結果今天他進公司的時候臭著臉，沒有跟我打招呼。是不是對我的工作不滿意？

某人答應給我推薦工作，結果履歷遞出去很久都沒有結果，早知道他做事這麼耽擱就不相信他了！

這些類似的場景都在消耗甚至壓榨我們的心力。對不確定性的恐懼和對確定性的盲目倚賴都會讓我們變得情緒化，一旦進入焦慮、恐懼、失落、悲觀等負面情緒，我們就會不可避免地變得脆弱，進而無法用強而有力的心智來做好當下，鋪墊未來。

因此，有些人為了避免不確定性對自己帶來的負面影響，會極度厭惡風險，所有決策都以低風險為首要標準，藉此保全自己的安全感。但安全感未必能帶來高收益，隨著他們一次又一次地進入最低風險的選項，會不得不喪失大量真正有價值的機會，慨嘆為何低風險與高收益總是難以兼容。

中國有句古話叫作「富貴險中求」，字面意思是高風險帶來高收益。但是之所以能夠求得富貴，其實穿越了三個階段。

第一個階段，接納任何機會的利益都存在不確定性。這個階段會過濾掉畏懼風險的人。例如，看到只有少數人才能成為作家，於是放棄了寫作；看到只有少數人做生意能賺到錢，於是放棄了嘗試做生意；看到只有少數人能通過某項國家考試，於是放棄去考試。在第一個階段，不接納不確定性的人會先被過濾出競爭環節。

第二階段，在爭取機會的過程當中不斷尋求確定性，降低實現目標的風險。例如，某項考試只有 10% 的通過率，那麼你必須很努力，才有更大的確定性進入前 10%。例如，我們熟悉的股神巴菲特，他長期處於大多數人看來風險很高的二級市場當中，但是他始終堅持在自己的能力範圍內做選擇，不做自己看不懂的事，這就是在高風險環境下嚴格控制風險。

第三階段，不因為不確定性的存在而中途放棄，且充分用實力佔據了確定性的人，贏得了「富貴」。這個過程就像從礦石當中找金子，一方面要接受有時候找不到金子的情況，另一方面要讓自己有一雙慧眼能夠發現金子。真正的強者，不僅對不確定性具備高度的接納能力，也對確定性有極強的把握能力。對不確定性的接納能力則是保持心力強大、穩定的前提條件，也是提升心力的關鍵。

認知事物的兩面性

「這個世界，強者做獵人，弱者做韭菜[1]。」

卡卡坐在我面前，冷漠地說出這句話。多年的二級市場交易經歷，讓他對不確定性有了深刻的洞察，他能很好地管理事物的不確定性對自己情緒的擾動，而這種擾動帶來的副產品，則是此刻的冷

1　泛指在投資市場中，無法做出合理決策而導致投資虧損的人群。

漠。

「二級市場上，任何機會都具有不確定性，如果你單純依靠消息，就無法控制風險，所以你一定要依靠自己的判斷，透過確定性的判斷來控制自己的行為，不能因為恐懼而在不該放棄的時刻放棄，也不能因為貪婪而在不該留戀的地方留戀。」

「所以你只相信自己？」

「李佛摩 [2] 說，如果打算在這一行謀生，你必須相信自己，也相信自己的判斷。我對他所說的深深認同，如果我靠別人的消息買入，那我賣出也得依賴它，我就無法把握這中間的不確定性。」

「你說的韭菜，不也相信自己嗎？」我笑著說。

「所謂韭菜，就是對不確定性的理解能力為零的生物，他們不相信市場規律，只相信自己的情緒以及情緒當中滋生的『觀點』，但市場不會因為你的情緒而增加任何一點仁慈。上漲的時候不控制風險，一路殺進去，下跌的時候又陷入恐懼當中，不能理性分析風險，紛紛割肉逃跑。他們在控制自己人性的弱點方面毫無意識，永

2　傑西・勞里斯頓・李佛摩（Jesse Lauriston Livermore，1877—1940），美國著名的股票投資家，二級市場交易領域的先驅人物。

遠都沉溺在對確定性的迷戀和不確定性的恐懼中，最終用自己的本
性兌現了自己的虧損。」

　　「就像是一枚硬幣」卡卡拿起桌上一個瓶蓋比畫了起來，「所
有的硬幣都有兩面，一面代表機會，一面代表風險，無論我拋多少
次，每次都會有1/2的機率是風險面朝上，1/2的機率是機會面朝上。
但是韭菜的思維不是這樣，如果連續三次看到機會面朝上，他們就
會認為第四次也是機會面朝上。本質上，第四次哪個面朝上，並不
是由前三次決定。」他笑了笑問：「不可能只有一個面的硬幣吧？」
　　「當然沒有。」
　　「是啊，顯而易見的常識。可是在韭菜的心裡，他們只接受機
會面，不接受風險面。機會來的時候不控制風險，風險來的時候不
分析機會。在他們的心裡，所有的硬幣都是單面的，而單面的硬幣
存在嗎？存在於韭菜的想像中吧。」

　　在卡卡的工作當中，他的決策對賺錢有最直接的影響，因此如
何做出正確的決策是他最重要的事。一方面，他會盡量少做出決策，
另一方面，一旦做出決策，一定是有深思熟慮後的結果。他的話雖
然有點「毒舌」，但是也傳遞了一個適用於任何事物的道理。那就
是任何事物都如同硬幣一樣，只要有正面，就會有反面，每一次拋
出的結果都會有與我們預期相反的可能。人們之所以焦慮、恐懼、
盲目樂觀，是因為他們只想要一枚永遠討好自己的單面硬幣。

聚焦在那些真正可控的因素

我們常用「緣」來解釋結果的不確定性與小概率事情的稀少性：

情侶因為種種原因無法在一起，我們會說，你們兩個沒有緣分。

爭取了很久的崗位突然不招人了，我們也會說，自己和這家公司沒有緣分。

兩個原本背景懸殊的人成了摯友，我們也會說，你們兩個真是好有緣分。

緣是一個很「中國風」的意境，在我們的脈絡裡，常常用以詮釋一種命中註定的浪漫情感。在失意的時候，「緣」用來說服我們平和地接納事物的不確定性；在得意的時候，「緣」用來提醒我們珍惜小概率事情當中的幸運。但正因為緣的意思模糊不清，並且帶著一層浪漫的薄紗，所以我們很少真正地抽絲剝繭，探究它的存在到底為我們帶來了什麼。

塞內卡[3]說過，**智者凡事不在乎結果，而在意所做的決定**。這句話乍看像是廢話，既然不在意結果，那又何必做呢？但仔細想想，如何做出決定以及執行決定是我們能做的事，而結果一旦產生，就

3　塞內卡（Lucius Annaeus Seneca，約西元前4年—65年），古羅馬政治家、哲學家、悲劇作家。

會成為當下我們無法改變的事。

我們複習以準備期末考試，希望把成績從 60 分提升到 80 分，結果考試成績是 79 分。這個 79 分就是我們拿到成績的當下無法改變的事，但是也因為做出了提升 20 分的決定，才讓我們有了 19 分的進步。

我們制訂公司的年度計劃，希望把公司的業績從 500 萬提升到 1000 萬，但透過努力最終只實現了 800 萬。那麼 800 萬這個結果，是我們當下無法改變的事，但也因為我們做出了提升 500 萬的決定，才讓公司有了 300 萬的進步。

在這些事情當中，結果只是結果，沒有任何作用，真正發揮作用的是我們是否做出了正確的決策，以及對這個決策做出了何等的堅持。

塞內卡的這句話思辨而富有力量。我們很多時候都被痛苦、焦慮、拖延所裹挾，往往是因為站在這句話的反面：凡事不在意決定，而在意結果。不經過慎重調查，隨著社會主流選擇職業，卻期待這份職業能帶來快樂與收益；不經過仔細考量，一時衝動選了伴侶，卻期待這位伴侶能帶來美好與幸福；不經過理性分析，跟風做了投資，卻在 K 線的上上下下中期待穩賺的奇蹟發生。

我們做決定的時候受慾望驅動，迴避現實、疏於研究、盲目跟風，而等到我們要為結果買單的時候，卻因為當初的錯誤決策痛不欲生，然而痛苦對結果於事無補。所以塞內卡這句話是智慧的、警醒的。

「緣」在我們的對話中被普遍地使用著，因為它始終在幫助人們理解事物的變化存在不確定性，我們需要珍惜幸運，也需要接納那些不得不面對的不完美。

不平常的人才有平常心

如下兩種情況，哪一種更能體現一個人的自信？

A. 在做任何一件事情之前都信心滿滿，如果失敗了，繼續信心滿滿地做另一件事。

B. 盡力做了一件事，如果失敗了依然接受，在不斷改進當中堅持繼續做下去。

當然，對於做事情很容易焦慮、忐忑的人而言，第一種自信的狀態也值得羨慕，因為這種自信像是火柴，可以走到哪亮到哪。但第二種自信更像是冰山，雖然水面上的部分不起眼，水面下的部分卻深沉厚重。我更欣賞第二種自信，因為自信的最高級，不是無條件地相信自己，而是在各種不確定性當中始終擁有一顆平常心。

也許有人會說，平常心不是人人都有嗎？難道不是每個平常人都有一顆平常心？

那麼讓我們來看看下面這些平常的行為，這些行為有多平常，平常心就有多難得：

一焦慮就去燒香拜佛，希望神秘力量替自己解決無法解決的事。

只相信自己願意相信的，不相信自己不願意相信的。

只希望別人包容自己的缺點，卻不願意接納別人也會有缺點的事實。

幸運的時候誤以為是自己的實力，而不幸的時候認為老天待自己太薄。

失敗之後一蹶不振，無法接受任何人、任何事都具有失敗的可能。

相信上面的狀況在我們的日常生活中並不少見，人們最擅長把自己束縛在主觀意識當中，好似地球圍著自己轉，卻對現實中的概率和規律視而不見。

《韓非子・五蠹》中記載：「宋人有耕田者，田中有株，兔走觸株，折頸而死；因釋其耒而守株，冀復得兔，兔不可復得，而身為宋國笑。」

一個宋國人看到偶然撞死在樹上的兔子，高興極了，以為守在這裡就能有兔肉吃，於是他放下農具日夜等待，希望能再來一隻兔子。結果餓得眼冒金星都沒等到，自己也成了宋國的笑柄。

　　在吃到這次意外的兔肉之前，宋人絕不會以為樹上會「產兔子」，而僅僅因為一次幸運的美味，就讓他拋棄了常識，一廂情願地坐在旁邊等兔子。也許我們會認為正常人哪有這麼傻，但是現實生活中不乏各種類型的「宋人」存在。

　　因為投機而一夜致富，感覺太幸福，於是再也不想踏實做事，而等著下一次暴富。因為交過身段遠高於自己的男／女朋友，體會過了「人間美味」，就再也難以接受「門當戶對」。因為一次提拔和賞識，命運大變，嘗試了「坐火箭」的滋味，就繼續把期待放在受貴人提拔上。

　　在慾望面前，人往往非常渺小，以至於把慾望與現實混為一談，輕易拋棄了平常心。而《守株待兔》這個故事流傳千古，是在不斷地向我們傳遞平常心的意義。

　　不論我們是獲得了巨大的益處，還是損失，都必須保持一顆平常心。所謂平常心，就是時時刻刻以一種具備常識的心態看待事物。

　　所以，並不是平常人就一定具備平常心，往往是那些不平常的

人，才能修煉出一顆平常心。平常心是他們理性思考的土壤，讓他們充分接納與分析自己所面對的問題。他們尊重這個世界的客觀規律，明白它並不依個人意志而轉移，並且清晰地知道，只有在承認客觀規律與客觀概率的前提下，才有可能真正把握命運。

擁抱不確定性

當我們逛星座網站的時候，會在上面看到大量的關於「確定性」的問題：「他會跟我表白嗎？」「我今年下半年會升職嗎？」「2023年我會有婚姻運嗎？」「他欠我的錢什麼時候可以還？」選擇占星諮詢的人身分各異，但是所有的問題幾乎都圍繞著自己日常生活當中的不確定性。

有一位朋友的觀點很清奇，他認為占星卜卦是另一種形式上的「心理諮商」。不論最終結論是否應驗，至少在得到「諮商師」確定性答案後的一段時間，人們的心態會更穩定，之前的焦慮狀態也有所減緩。為什麼會更穩定呢？占星的人會用他的理論體系，推導出人們導致現狀的原因是什麼，以及未來需要注意的問題。當人們在沒有頭緒的現狀中得到了一種相對具體的解釋，就會降低對不確定性的擔憂。所以，令人脆弱的並非現實本身，而是被不確定性擾動的過程。

但是，當真實的困難突如其來時，大多數人往往來不及焦慮，

在匆忙中見招拆招，反而最終化險為夷。而現實沒有來臨時，夾雜了慾望與擔憂的感受就會填滿我們的精神世界。所以也可以說，世界上所有的困難與壓力，都是我們的大腦自行把它放大後造成的不適感，為了撫平這種不適感，過度損耗了我們的精力，反而影響了我們當下的表現。這導致我們加速進入墨菲定律[4]：

如果事情有變壞的可能，不管這種可能性有多小，它總是會發生。

只有具備了平常心的人，才能在做事之前深刻地理解事物本身所具備的不確定性，從而深思熟慮，做出周全的努力，在結果出現之後，也能更坦然地面對現實。他們不會為了不確定性提前消耗自我，而是把所有的精力灌注在自己可以控制的當下，讓每一份注意力價值最大化。

對不確定性的深刻洞悉，也會讓他們不但不懼怕不確定性，而且懂得創造不確定性。他們擅長整合資源，在新的資源結構中發掘新的機會；他們樂於助人，讓自己的好口碑在社交圈中充分流動；他們在充滿不確定性的交易中洞悉人性，在不確性的反面笑看風雲；他們相信未來不確定性當中幸運的那部分，源自於自己過去和當下的努力。

4　墨菲定律由愛德華・墨菲（Edward A. Murphy）提出，亦稱墨菲法則、墨菲定理。

能駕馭智慧的人，都是駕馭不確定性的主人，就如同佛教三法印[5]所言：

諸行無常、諸法無我、涅槃寂靜。

也就是說，一個人只有理解世界的無常，去掉我執的時候，才可能進入寂靜解脫之地。這個時候的我們已經準備好應付最壞的狀況，同時又能迎接最好的狀況發生。我們的內心會變得無畏而從容，做的任何決策都發乎理性，不再會為沒有發生的事情患得患失，開始完完整整地駕馭自己活在當下。我們變得比以前更專注，因為我們的能量不再被不確定性所牽扯，每一個專注於當下的瞬間，都是我們人生最完美的橫切面，因為我們不再活在未來，無視當下，而是真正做到了活在當下，創造未來。

5　三法印出自《大智度論》。《大智度論》簡稱《智度論》，是大乘佛教中觀派重要論著。

02

現實解讀力對人生的影響

　　孔子曾經在《周易》裡面批註：「君子不刑不發，不沖不達。」翻譯成白話文就是，一個有志之士不經過磨難就不會成長，不經過失敗就不會取得成功。自古以來這話也被江湖術士們引用，認為命中適度的阻滯反而是引發人生大成的「藥引子」。拋開這些難以考證的論調，我們倒是可以套用孔子這句話的邏輯，聯結一些現象。如果一個人生來聰明漂亮，家庭幸福、富有，進入社會後好運相隨，自然是不錯的人生，但是過度順利也會讓人無法把自己的潛能發揮到極致。還有一些人，他們先天的天賦很好，卻總是與巨大的挑戰、困難為伍，在不斷突破困境的過程中，自身的優勢得以被充分挖掘，從而爆發出自己都未曾想像過的能量。

　　但是這樣的人終歸是少數，在現實生活當中，更普遍的是經歷了困難之後一蹶不振的人。為什麼有的人經歷殘酷的現實會墜入命運的深淵，而有的人經歷同樣的事情，卻能做到如孔子所說的「君子不刑不發」呢？

　　根本原因並非在於運氣，而在於不同的人對於不同事物的解讀方式存在天壤之別。而這種解讀帶來的行為上的變化，足以讓生活在相同環境當中的人走向完全相反的人生。

解讀環境的方式決定了因應環境的模式

　　可憐之人必有可恨之處。

　　這是一句非常流行的俗語，在剛開始流行的時候我非常不以為然：這話也太絕對了吧，有沒有同情心啊！

　　後來隨著進入社會的時間越來越長，接觸的人越來越多，我漸漸發現，除了那些由於外力的傾軋而十分倒霉的人，還有一些人的可憐，是自己給自己製造的，更可憐的是，自製而不自知。

　　我曾有一位叫琪琪的同事，剛認識的時候對她印象極好，感覺她低調寡言，溫柔可靠。在公司，我們的工作內容多有交叉，她負責商務合作類的事宜，於是找到我的商務資源，我便紛紛介紹給她。

但奇怪的是，很多客戶與她洽談一段時間都會變得很冷淡，她談單的轉換率竟然不如一些「三天捕魚兩天曬網」的同事。後來公司迫於業績壓力，由我來協同她一起對接商務資源，我才漸漸發現她的一些辦事特色。

相較於那些恭維起人來天花亂墜的「花蝴蝶」，琪琪倒是個老實人，但是這份「老實」似乎把她推向了「花蝴蝶」的反面，那就是打從內心覺得，這個世界上沒有好人。

假如遇到一位夥伴灑脫自在，一般人都會相去甚遠，唯獨她會升起一股抵觸心理，提醒大家，這個人非常自以為是，合作起來肯定非常難纏。

當夥伴對我們的工作強烈不滿時，一般人會先看工作問題出在哪裡，但是琪琪會強調這個合作夥伴心術不正，最近總是在想辦法針對我們。

有一天加班到深夜，琪琪突然在工位上偷偷抽噎。我走過去問她怎麼了，她說合作夥伴一直在欺負她，同樣一個項目，她已經重複做了好幾遍了，他們還是在找麻煩。於是我打開她做的項目，發現確實做得不夠好。因為合作夥伴是知名企業，當然是以很高的要求衡量這次合作，可高要求未必等於找麻煩啊。

　　這個世界上純粹的好人不多，純粹的壞人也不多，最多的是在不同環境下好壞切換的普通人；全身是優點的人不多，全身是缺點的人也不多，最多的是時而展現優點時而展現缺點的普通人。因此，每一個人都不是臉譜化的，而是極為立體的。

　　一個非常有自信的人，不免會顯得有點自以為是；

　　一個在乎他人感受的人，不免會顯得有些優柔寡斷；

　　一個決斷力很強的人，不免會有武斷衝動的時候；

　　一個格外優秀的人，很難說內在不藏有一些自傲。

　　面對這些特質，習慣正向解讀的人會解讀為自信、貼心、有魄力、很優秀，但是習慣負向解讀的人就會感到對方自以為是、優柔寡斷、剛愎自用、自視清高。我們常常認為自己的內心活動他人感知不到，但是人們在感知他人對自己的好惡時，並沒有那麼遲鈍。當我們感受到對方不欣賞、不支持、不接納、不認同自己時，潛意識裡難免生出不舒服的感覺，從而越來越難有熱情將這段關係持續維繫。某種程度上來說，琪琪是個可憐的人，因為在她的世界裡，這個世界上美好的事情太少了。一輪彎月在天上巧笑倩兮，她看到的不是柔軟的月色，而是月輪上那一大塊無法填滿的黑色缺口。

　　我們如何應對環境，完全源自於我們如何解讀環境。我們對外界的解讀與我們的內心世界是互為鏡像的，也變相地影響著自己在現實中做人做事的模式。為什麼讚美他人是縱橫四海的社交工具？

因為人們更喜歡與能看見自己優點的人交朋友，即便是一個只能看到別人缺點的人，也會更喜歡能看到他優點的人。一切都是人性使然。所謂可憐之人必有可恨之處，未必是此人做了什麼壞事，而是他認為世界面目可憎，就必然不會受到世界的優待。

現實可能被扭曲成我們想像中的樣子

曾經有一位聽眾問我：

「輅姐姐，求救啊！你遇到這樣的老闆怎麼辦？我的老闆常常給我增加工作，整個部門最難最重的工作都給我，而且老覺得我好像什麼都會似的，一旦做不好，批評起來特別嚴厲。那幾個同事什麼能力都沒有，他反倒睜一隻眼閉一隻眼。他是不是在故意針對我啊？」

我與她分享了我剛工作時面臨的狀況。剛進職場的時候，經歷過老闆的如下對待：

對我言語犀利，極少照顧我的面子和感受；

把最難做出成績的工作交給我，我眼睜睜看著別人做出成績，而自己的業績增長緩慢；

讓我去接觸最難搞的合作夥伴，一開始每天都要遭受言語折磨與慢待；

第一年沒有安排任何外派出差，我的福利待遇比別人更低；
第二年又頻繁安排各種出差，根本沒考慮「呵護女性」。

相較於別人，我確實像是進入了「hard 模式」[6]。如果我沒有扛住，也許就會一直 hard 下去，但是我扛住了，而且做出了成績，最終實至名歸，老闆給予了我最快的升職機會與更好的福利待遇。所以有些時候，老闆的「故意折磨」與「刻意培養」似乎是很像的，因為你好用，所以所有艱難的任務都交給你，因為不喜歡你，所以找點難做的事情讓你難受。不過，除非你的能力非凡，已經擊潰了老闆的安全感，否則絕大多數老闆都沒有閒到每天編排如何折磨下屬。所以我們需要盡量參透老闆的出發點，我們的工作成果帶來的正負回饋，本質上也在不斷調整「故意折磨」與「刻意培養」之間的界線。

你能幫老闆跑得了腿，就省得老闆親自奔波；
你能幫老闆幹得了活，就省得老闆親自動手；
你能幫老闆事事都想周全，就省得老闆親自動腦。

隨著你能力的稀缺性逐漸遞增，你在老闆心目中的不可替代性

6　「hard 模式」的概念最初源自於遊戲。在遊戲開始時往往會區分簡單（easy）、正常（normal）、困難（hard）三種模式，人們可以根據自己的情況來選擇適用的難度。後來被廣泛應用於生活中，泛指進入了一種比較困難的工作或生存模式。

也會逐漸增加。你要是可有可無的人，他把你裁掉也許眼皮都不會眨一下；你要是不可或缺的人，他連跳槽都想帶上你。如同情侶關係中誰需求更大誰更弱勢一樣，需求大的人會透過討好需求小的人以博得關係的平衡。在社會上也是這樣，如果你能力的稀缺性強，需求量卻大，那麼大家會圍著你叫高價。老闆是你能力資源的直接需求方，在不讓他感到威脅的前提下，也符合這個道理。

而且，值得注意的是，我們解讀別人時的態度，總是會或多或少滲透到我們的行為當中。這會為雙方關係帶來一種特殊的「氣場」，雖然難以言表，但每個當事人都能感受到。就像談戀愛一樣，在不確定對方愛不愛自己的時候，往往會覺得對方不夠愛。老闆不確定你是否信任他、喜愛他的時候，自然也對你沒有安全感，很難把你提攜到更高的位置。既然雙方都已經默認進入了這樣的氣場，那麼無形之中也會把這段關係推向你內心預設的那個方向。

你信任我→我信任你→刻意培養→下一屆班底成員
你討厭我→我討厭你→故意折磨→折騰到你服為止

解讀現實的出發點源自於我們的世界觀

有人說，聽了那麼多道理，依然過不好這一生。但我想說，你誤會了，即使聽到的東西一模一樣，解讀的能力也會將人拉開不同的距離。例如，幾乎每個孩子小時候都聽過灰姑娘的故事，面對繼

母欺負灰姑娘，有的父母會向孩子解讀，繼母之所以欺負灰姑娘，因為她是壞人；有的父母會告訴孩子，因為灰姑娘不是繼母的親生女兒，所以她自然愛親生的孩子多一點。同樣的故事，不同的解讀，展現給孩子的是完全不同的世界觀。世界觀會讓他們逐漸以此為判斷標準，解讀自己所看到的世界。

我認識一位非常優秀的女性 CEO 娜姐，她清華畢業，先後就職於最早期的 Google 中國、豆瓣，後來自己連續創立了兩家很不錯的公司，絕對是孩子的楷模，同齡人心中的佼佼者。既然要不斷為自己的人生尋求突破，那麼就不可避免地要做出種種艱難的決策。當我們聊到抉擇時，我問她勇氣何來，她講到了記憶中對於世界最初的美好解讀。

在一個深夜，全家人坐的車拋錨在深山裡，當時漆黑一片，四處都是野獸的叫聲。但娜姐的父母並沒有因此驚慌失措，而是安之若素。看著璀璨的星空，以天為蓋地為廬，給兒時的娜姐上了一堂關於宇宙與自然的體驗課。

伴隨著山裡的冷風、野獸的哀號，父母淡定自若，帶著她欣賞星空，告訴幼小的她，這顆星星是什麼，那顆星星是什麼，每顆星星的背後有著怎樣美好的故事。非常恐懼的夜晚在他父母的解讀下成了另外一番場景，她不再害怕，她看著星空、月色、樹影，聽得津津有味，感到這是前所未有的森林奇妙夜。

她長大後，每一次面對人生中的至暗時刻，都會想起那個夜晚，即便危機四伏，星空始終璀璨遙遠。那種「寄蜉蝣於天地，渺滄海之一粟」的感受會讓她覺得此刻的壓力微不足道，人生而渺小，所以應當為了更為偉大的願望而奮鬥。

　　人類一代又一代所讚頌的勇敢、自由、真愛，本就是社會的稀缺品，它們是人類步步前行時精神訴求的抽象描述，也是人們解讀自己人生意義時最為普遍的概念。**也正是因為這些高於生存的期待，我們不限制於吃喝拉撒，而願意為更有想像力的人生上限去努力，為的就是用自己對現實的馴服向自己證明：人生值得。**

　　每一天，在我們無意識的情況下，世界觀都在「被建立」，也在「被破碎」。孔子有句話說得好：「朝聞道，夕死可矣」，「道」是可以支撐人生使命的東西，當我們明白屬於自己的「道」之後，世界觀便可以透過主觀能動性來被改造和優化，而這個時候的我們，就從心隨境轉，變成了境隨心轉，大大加強了對於現實的掌控力與承受力。

極限經歷造就極限經驗

　　所謂經驗，就是對現實經歷的解讀，就是我們透過自身經歷驗證了哪些想法，哪些理論，哪些潛藏的優劣勢，哪些規律可以優化自己的社會表現……從行為與結果的回饋當中，總結出適合自己的

行為模式，並且投入到下一輪的實踐當中。

經驗並非全都是好的，同樣的經驗在不同的環境中發揮的作用也有很大區別，它只是一種讓我們在特定環境中更有效率、安全地應對現實的行為模式。如同我們知道不能用手觸碰剛倒滿了沸水的玻璃杯，或是不要從超過三公尺的地方往下跳一樣。

日常生活當中許多下意識的反應與判斷，往往都源自於我們過往累積的經驗。就像我們剛開始開車會很僵硬地提醒自己：此處打三圈，此處打兩圈，這裡必須鳴喇叭。在熟悉之後便會「人車一體」，所有操作都是下意識的行為，卻更加準確、及時。我們面對生活的經驗也是如此，剛開始驚慌失措，熟悉後會形成自己都無法察覺的慣性，於無形之中影響我們的思維與行為。譬如，很多人都會把自己當下的性格缺陷歸咎於原生家庭，限制於慣性狀態無力逃脫，並謂之為命運。宿命論有大量擁躉不足為奇，因為自身基因與早年經驗會為我們創造一種生存慣性。一個人想要改變命運，就必須徹底洞察自己的優勢與問題所在，並且拿出足夠長期有力的能量，與基因和經驗造就的沉重慣性做對抗。

這種能量源自於何處呢？源自於我們必須活在當下，擺脫過往的思維鐐銬，正確解讀現實。譬如，原生家庭令你對親子關係感到失望，那麼當你想要建構屬於自己的親子關係之前，必須讓自己的當下與過去相獨立，甚至割裂，透過客觀的觀察與學習顛覆過往，

在新樹立的正確視角之下，培養新的經驗。

在我過往的人生經歷中，較小程度的成長源自於綿延的自我肯定，但是巨大的跨越源自於徹底的自我否定。當我們徹底解讀出自己基因中的惰性，認知結構中的殘缺，人格、人性中的不完善，並且毫不心軟地否定了那個階段的自己之後，就好像甩掉了一身的贅肉，輕裝前行，矯健篤定。

那些在起伏的人生中能夠做到「君子不刑不發」的強者，往往具有很強的對人生經歷的「壓榨」能力，他們對世界的洞察細緻入微、極其敏感。所見為所思，所思為所學，所學為所用。他們擅長從挫折中尋求精神養分，從變化中摸索社會規律，以不斷調整自己，解讀世界的客觀性與準確性，並學以致用。

有一種經驗叫作極限經驗，極限經驗無法從庸常的生活當中獲取，必須從極限經歷當中噴薄而出。很多擁有巨大成就的人都是從極限經歷中獲得了極限經驗，這份經驗是稀少的。很多擁有巨大成就的人，早年都有一些特別的經歷，雖然這些經歷並不像學歷與工作履歷那樣是顯性、容易被衡量的，但壓榨出了他們的極限經驗。極限經驗像是一種能力上的「特權」，讓一個人從與自己資質類似的一群人當中脫穎而出，有實力取得更大的成就。

03

用意義解讀法解讀自己的人生境遇

有個女孩跟我聊天的時候說道，在她事業順利的時候，食慾通常很旺盛，以至於常常胃口大開，不怎麼注意就變成了「過勞肥」；當她事業不順利的時候，口味通常會變得十分寡淡，覺得吃什麼都沒胃口，但談戀愛的慾望變得十分旺盛，以至於覺得自己像是胃口大開的「捕蠅草」，路過的男孩兒都想拉進來談談。

我問她為什麼會有這樣的感受，她說也許是事業順利的時候，自己與外界的互動很好，有一種很強烈的存在感，吃好吃的就像補充彈藥，讓自己又有能量在外界拼殺一番，以加強存在感的正向回饋。但是一旦事業進入低谷，自己的所作所為常常得不到承認，內在能量極為壓抑，只有非常刺激的體驗，才能讓自己體會到所謂的

存在感。

不得不說，某種程度上荷爾蒙是一種舒張靈魂的解藥，它帶來的強烈情緒令人擺脫了自我緊縮，充分感知到自身的存在。

意義之存在，存在之意義

人生當中所有的行為與決策大都關乎「存在」二字，我為何存在，我如何存在，我存在的價值是什麼……

我們吃飯是為了確保自己的存在，我們建構社交關係是為了體認自己的存在，我們追名逐利是為了強化感知自己的存在，我們關懷他人也是用一種釋放能量的方式表達自己的存在。是否存在，以怎樣的形態存在，存在的誘惑與風險，存在的痛苦與快樂、存在的特性與共性……所有以存在為原點延展的問題，都是我們生命中無法繞開的命題。

事物的出現與湮滅，在這個世界上每時每刻都發生著。如果我們曾經歷他人的過世，就可以更深刻地感知生滅的流動。我們會發現，生命既沉重又虛無，一個人的存在與消失，竟然只在一口氣之間。當一個人停止了呼吸，他曾經攜帶的記憶、思想、情感、追求、苦痛便一併消失了。每當這種時刻，都不免會引發身邊人思考，人生的意義到底為何。

日常生活當中，我們常常用另一個更抽象的字來表達存在，那就是意義。所謂意義，就是一件事或一個人存在的終極理由，譬如我們會說：

今天過得好有意義！──今天發生的事情讓生命的價值感與幸福感得以「加值」。

這份禮物好有意義！──禮物表達了這份關係在對方心目當中的份量。

你對我說這些話沒有意義！──這些話不該存在，它們沒有任何價值。

把精神消耗在痛苦的回憶中毫無意義！──過去已經不存在了，與之相關的痛苦也不應存在。

正是因為我們的生命與意義時刻綁定，所以如何解讀自己所有經歷存在的價值，與我們人生的成就感和幸福感休戚相關。

有些人生於富豪家庭，雖然從小錦衣玉食，但是看著成就如山的父輩，不免會感到自己再難逾越高峰，於是虛無感頓生，不知自身努力奮鬥的意義何在；有些人出生於普通家庭，雖然起點很低，但是更容易逾越，自己的每一次進步都是整個家庭甚至是整個家庭的進步。自己的存在讓周圍的環境發生了巨大的積極變化，會給自己帶來巨大的肯定，所以後者心目當中對於意義的感知，反而比前者更加強烈。「有」的價值是透過「無」來展現的，「無」的意義

是透過「有」來明確的，這就是「大成若缺，其用不弊。大盈若衝，其用不窮」。

滿與虛，盈與缺，是一種相對性的存在，這中間的變化就是意義的流動。所以，我們畢生對於意義的感知都是相對的，與我們所處的環境、自身解讀的方式息息相關，也正是因為意義解讀能力與實踐能力的差距，才誕生了命運的強者。

知道為什麼而活的人，便能生存

尼采曾說過，**知道為什麼而活的人，便能生存。**

維克多・弗蘭克是全世界享有盛譽的存在分析理論領袖，他發明的「意義治療」是西方心理治療領域的重要學派。比他的學術成就更廣為人知的，則是他在二戰期間的特殊經歷。二戰期間，弗蘭克被關押在奧斯威辛集中營，那裡的每一個囚犯都面對著自由的喪失、身心的折磨以及隨時可能發生的生命危機。在絕望的環境中，大量的囚犯每天都會焦慮地問同樣的問題：「我能從集中營活著回家嗎？如果都不能活著回家，那經受這些痛苦又有什麼意義呢？」對不確定性的焦慮，持續地吞噬著人們的意志；對於意義的否定，讓人們不斷墜入絕望的深淵。終於，一個又一個囚犯「決定死去」，他們不再清理身體，終日躺在床上，一根接一根地抽煙，拒絕吃飯、拒絕喝水，對外界的打罵無動於衷，就像海面上觸礁的輪船，意志

一塊接一塊地瓦解，一塊接一塊地沉淪，直至全部消失在海面上。

然而，被剝奪了一切，赤身於囚室之中的弗蘭克卻迎來了精神世界前所未有的富有，他啟動了一種全面獨立於客觀環境的思維模式。弗蘭克放棄了對於生死不確定性的思考，把注意力從遙遠的未來轉移到可以審視的當下：「我所經受的這些苦難，到底有沒有意義？這種意義能帶給我什麼？」僅僅是一個角度的轉變，就讓他的每一個當下有了存在的意義，而意義就是活下去的力量。弗蘭克認為，雖然納粹可以控制他的生存環境，但是並不能控制他的內心。他總是堅信，精神世界的自由是別人無法奪走的，人們一直擁有在任何環境中選擇自己態度的自由。他的內心始終在堅持兩件事：第一，完成一部一生最重要的學術作品，雖然原稿已經遺失，但他在腦中不斷完善作品的構思，希望有朝一日可以發表；第二，深愛自己的妻子，每當想起她，他都會覺得她的面龐比冉冉升起的太陽還要明亮。這些美好且想盡未盡之事，都會讓他覺得當下的忍耐和等待充滿了意義。他的態度也照耀著其他獄友，讓他們找到了自尊與靈魂的歸屬。

弗蘭克的堅持與等待果然沒有付諸東流，並且奠定了他未來的學術方向與學術地位。在離開集中營之後，他對自己的理論做了更深入的研究，同時也調查了在日本、韓國和越南戰俘營中囚禁過的人。透過大量的訪談與研究，他得出了與自己在獄中相同的結論：那些知道自己生命中還有某項使命有待完成的人，最有可能活下

來。

　　這項發現並不僅僅對接受監禁的人有意義，對任何人而言，都是逃離「監獄」的解藥。只要我們的人生存在痛苦與困頓，就存在「監獄」。焦慮、偏見、恐懼、貪婪、憤怒……我們被負面情緒駕馭的所有時刻都如同畫地為牢，讓自己處在內心的「監獄」之中。唯有使命感能讓我們超越屏障，去尋找自己存在的意義。

為什麼我們的意義感會虧空？

　　我們這個時代最大的改變是什麼？米榭・賽荷[7]說：「農耕世界的消逝，帶走的遠不止在地裡勞作的人。與之一同消逝的，是人人親身勞作並知道自己在做什麼的世界：在這個世界裡，人們可以在辛勤勞動之後親手收穫勞動的成果，在汗水的結晶中找到自尊心、身份和認同感，即使被生活傷害，也可以通過勞動找回失落的信心。」

　　現代社會，人們離開田間地頭，湧入「鋼鐵森林」。在每個屬於上班族的清晨，人們如同生產線上的原料，一個秩序井然地走入大廈的小格子間裡，與電腦、電話、圖表、會議打交道，追逐各種

7　米榭・賽荷（Michel Serres），法國著名哲學家。著有《赫耳墨斯》《關於儒勒凡爾納的青春》《霧的火光與信號：左拉》《雕像》《寄食者》等。

各樣以數字定義的抽象概念。數字不是陽光雨露，不是糧食蔬菜，它們只是抽象的量化符號，但我們的價值卻被它們所衡量。我們努力完成的任務也常以數字來定義，缺乏有形的成果奠定我們對於付出的信心。

在農耕社會，人與自然是深度互動的，歷經春夏秋冬，人們勞動、收穫；二十四節氣個性分明，刻下生命走過的印記。人們與糧食發生了關係，糧食與自然發生了關係，人們的一舉一動與自然是如此靠近，而現代社會，大多數人都很難有機會深刻感受到自己與世界之間的關聯。往往覺得對著電腦沒做多少，一天就過去了；在小格子裡沒有變化多少，一年就過去了。如此，這一天、這一年的存在感，就發生虛空了。然而，人們的成就感與幸福仍源自於紮實的存在感，於是我們尋求更強烈的精神刺激，有些人沉迷遊戲，有些人追名逐利，有些人出軌獵奇。我們做出種種看似費力或荒謬的行為，都是在試圖體認生命的存在感，想要打破生命的虛空，確認自己存在的意義。

「像社畜一樣，沒有意義。」每到為工作精疲力竭卻毫無成效的時候癱倒在床上，總會產生這樣的疑問，徘徊在焦慮與厭倦之間，是現代人的常態。

然而畜是四肢朝下的，畢生都是覓食的姿態，只有人類雙腿直立、雙眼向前，這意味著我們生而為人，生存的意義高於生存本身。

當我們的祖先還是猿人的時候，奔跑在樹林中、草原上，因為水果和蟲子新鮮的汁水而歡呼雀躍時，恐怕不會想到「意義」這種奇妙而虛無的概念。那麼，既然「投胎」做現代人這麼複雜的生物，意義的建構就成了人生動力的泉源。

如何運用意義解讀法

在弗蘭克的病人中，很多都是「心靈性精神官能症」。它並不是一種病理學上的心理疾病，而是源自於人們心靈當中意義感的失衡，當人們對生命中憂慮和失望的感知超過對生命價值的感知時就會出現。這種場景其實非常普遍，落後的年代，對生活萬念俱灰的村婦往往會說一聲「活著沒意思」，然後拿起一瓶農藥一飲而盡。即便她沒有受過教育，也不曾建功立業，但是活著的意義是什麼，依然是支撐她生命到最後的終極問題。

弗蘭克的「意義治療」理論核心是「意義」，這個意義要求人們必須用自身的探索與實踐去尋找。弗蘭克希望透過治療，協助人們認知自己命運中的使命，找出生命中的意義；透過對意義的探索，激發個人潛力，逐漸在正向回饋中恢復心靈的平衡。

探索意義聽起來非常嚴肅與沉重，而事實上在探索意義和價值時，確實可能引起人們的內在緊張，但這種緊張是心理健康的先決條件。弗蘭克認為，人們實際需要的不是沒有緊張的狀態，而是為

追求某個自由選擇的、有價值的目標而付出努力；一個人最好的狀態並不是不問代價地消除緊張，而是某個有待他去完成的潛在意義，對他發出了有力的召喚。

吃喝玩樂的實踐有意義，使命感的實踐也有意義。前者是放鬆的，後者是緊張的；前者的快樂是短暫的，而後者的快樂是綿長的。因為後者是一種能量的持續輸出與成果的正向回饋，對於我們體認自己的存在感具有強烈的作用。

弗蘭克認為發現意義的途徑有三種：

（1）創立某項工作或從事某種事業

這裡的事業並非是一項隨興的工作，應當是與我們的意志相協調的事業。

有人曾在論壇中問：「為什麼我的老闆每天通宵達旦、廢寢忘食地上班也不覺得累，我上一天班也沒做什麼，回家卻覺得累得要死？」這其中最重要的區別是，公司是老闆的，他的意志深深地根植於這家公司，因此有更強的主觀能動性讓其變得更好，而公司向好發展也能對老闆的精神動力予以反哺，所以，老闆與公司這棵樹可謂同氣連根。而身為員工，大多數人很難覺得公司的發展與自己有關係，召喚自己的並不是一個可以生長的事物，而是每個月入帳的工資，一旦坐到辦公室裡，並不是像老闆一樣有目的地選擇要做什麼，是被動地隨時等待召喚，精神狀態總是處在不規則的隨意調

動當中。老闆的緊張狀態是主動而健康的，員工的緊張狀態是被動而消極的，因此作為一個受主觀意志驅使的員工，會很容易感到疲憊，並且在疲憊中質疑勞動的意義。相較於老闆與公司的同氣連根，員工自己更像嫁接在這棵樹上的小枝椏，不安全感非常強，成就感卻非常弱。

我們的精神和身體是一個相互作用的不可分割的整體，從出生到死亡，身體和精神都在進行互相合作。精神猶如發動機，將身體的潛能全部激發出來，帶領身體進入安全舒適的領域。

所有關乎積極意志的行為，都會讓我們感到慾望與行為一致的意義感。譬如，連續兩週持續精進自己的滑雪技能，為全家做一頓交口稱讚的晚餐，在工作中自發地啟動一個新的項目，報名參加一個期待已久的比賽並且奪得名次。事情不論大小，**當我們的慾望與行為一致時，自我肯定會得以加強，意義感就猶如長著藤蔓的靈魂寶藏，自行爬上來。**

（2）體驗某件事情或面對某個人

我們人生會有幾個階段成熟速度加快：第一次離開家，第一次談戀愛，第一次工作，第一次定居在另一個城市，第一次擁有自己的家庭，第一次為人父母。每當我們進入一種新的體驗，就會很清晰地感受到自己的變化，在與外界加強互動的過程中，意義感會很明顯地得以加強。

除了進入人生新階段，主動選擇的一些改變也能帶給我們意義感的強化：

我們對當下的生活充滿厭倦時，可以選擇一趟説走就走的旅行；
我們對當下的事業充滿了厭倦時，可以選擇一些新的目標；
我們對當下的生活圈充滿厭倦時，可以選擇一個新的圈子。
當我們主動去選擇改變時，會站在新的角度上看待當下，角度的調整會讓我們的意義感知明顯得以「加值」。

當我們選擇與生命深度交互，會喚醒自身天然的喜悅感。全世界的人看著李子柒的影片都會感知到同樣的放鬆與喜悅，因為她帶我們體驗了糧食瓜果從無到有、從春夏到秋冬、從田間到飯桌的過程。人們會選擇插花、種菜、養寵物，甚至生育自己的孩子，雖然這些行為並不能給人們帶來類似於事業上的成就感，卻能夠帶來生命的喜悅，在生命與生命的交互中，我們會感知到強烈的意義經驗。

（3）在忍受某種不可避免的苦難時採取某種態度

「活下去，像牲口一樣地活下去！」電影《芙蓉鎮》中，秦書田在服刑前對懷有身孕、淋在雨中的胡玉音說出了這句話。這句話也成為震撼一代人的電影台詞。彼時的二人已經走入了命運的絕境，沒有生存的品質與快樂，被剝奪了所有的權利與尊嚴。作為人，他們所有關乎正常生存的希望都已破滅，似乎已經喪失了生命中所有的意義。在這樣的狀態之下，秦書田道出的這句話雖然卑賤，卻

振聾發聵。這句話無疑地為兩條已經墮入命運谷底的生命創造了活下去的理由，那就是哪怕如同牲口，也要活著。如此這般的態度，讓所有過去的、未來的痛苦都有了意義，這種態度催生出強大的勇氣，支撐著二人迎來了命運的轉機。

我們可以為自己設計目標，但人生未必是照著劇本走的，除了我們可以設計與控制的事情，還會有很多不可避免的事情闖入我們的人生。**沒有人願意平白無故地承受痛苦，即便是內心最強大的人；也沒有人能夠避免承受痛苦，即便是最富有的人。因為在人生的設定中，痛苦是不可避免的：**

如果選擇了競爭，就必須承受可能失敗的痛苦；
如果選擇了愛情，就必須承受可能不被愛的痛苦；
如果選擇了生育，就必須承受時間與精力被孩子分割的痛苦；
如果選擇了事業，就必須承受目標與現實之間存在差距的痛苦；
如果擁有至親之人，就必須承受生離死別的痛苦。

我們的態度是可以自行選擇的，但是命運當中的無常是無法進行選擇的。在可以選擇與無法選擇之間，我們唯有加強前者，才能實現兩者的最佳調和，才能讓自己更加強有力地面對現實。弗蘭克在奧斯威辛集中營當中的表現，可以非常精準地詮釋這個邏輯。他所承受的監禁是不可避免的，但是他啟用自己的精神自由，用自己的心智探索受苦的意義。

這種思維模式對我有非常巨大的影響。在很長一段時間內，幫助我度過了事業的低谷期。

人在事業的低谷期很容易自怨自艾、妄自菲薄，這種思維對於改變現實不僅毫無意義，還會無限制地消耗情緒。曾經的我也是這樣的狀態，在被情緒消耗得精疲力竭之際，我決定主動止損。我觀察自己的負面情緒，並且探究它們的根源。每當我的內心浮現出一些對自己的否定，對他人的不滿，對外界的不知足時，我都會記錄在文檔裡，不斷剖析自己為什麼會出現這樣的感受，源自於自己心智的哪些缺陷，面對這樣的缺陷，我該如何做出本質層面的改進。漸漸地我發現，低谷期也是一件好事，唯有在這個階段才能逃離周圍的誘惑，在離自我最近的位置向內觀想。我透過不斷的自我剖析，把過往的許多行為抽絲剝繭，發現了很多自己從未意識到的問題。我開始慶幸，如果此時我無法對自己做出相應的向內改造，那麼在未來擁有更好機會的時候，這些缺陷帶來的風險自然會集中爆發出來。我的心態也開始從自我否定進入了清醒、感恩與精進的狀態。人生起起伏伏是很自然的，在自己身心變好的過程中運勢也會逐漸上揚，實現境隨心轉。

人生當中有無數不可避免的事情，如果我們把它當作困難，就會覺得自己真的很難；如果把它當作挑戰，就會覺得自己進行了一個優化自我的學習過程。在這個過程當中，我們對自我的認知會加深，會感受到不完美帶給我們的意義，而且這種對困難的解讀方式

會在一次又一次克服挑戰的過程中得以鍛鍊和加強，再遇到同等難度的挑戰時，曾經的手足無措早已變成當下的波瀾不驚。

意義解讀法的副產品

當我們明白如何獲得意義之後，就會對意義的感知越來越敏感。它也會為我們帶來一些意想不到的副產品：

(1) 對目標非常敏感

對意義的追求會讓我們更善於發現和設定目標。因為意義感的存在，我們在實現目標時不再是為了做而做的硬扛，而是看重它實現的過程，讓自己在每一步都做得盡善盡美。

(2) 取捨更為果斷

我們會更少地把時間和精力放在沒有意義的事物上，讓自己的決策更加高效。

例如，曾經會違心地無法拒絕別人，在不重要的人和事上面耗費過多的精力，但是當我們懂得運用意義解讀法的時候，就會發現無法從這些經歷當中解讀出必要的意義，自然會減少一些沒有必要的對外消耗，轉而把專注力放在更有意義的人事物上面。

（3）更善於影響他人

想要影響他人，就必須讓他人與自己的觀點達成共識，而共識的前提是他人對自己的觀點具備同樣的價值認知。如果我們善於用意義解讀法分析、拆解事物的意義，就能夠讓他人從事物的根源層面與我們站在同樣的出發點上，從而更容易與我們的意志相聯結。這種能力不僅可以加強我們對周遭社交關係的影響，而且能夠幫助我們提升領導力，透過引導他人對事物價值達成共識而更好地完成支持、配合與協作。

（4）萬物皆為我師

被人拒絕了會傷心，做事失敗了會覺得沒面子，看到別人的進步會感到壓力。如果我們無法正確解讀這些行為，就會為自己帶來負面影響。但是當我們能夠解讀現實的正負回饋對我們的意義時，我們的世界裡就沒有那麼多的壞事了，更多的是挖掘這個經歷能否教會我們一些真正有價值的東西，讓自己從被動地受事物影響變成對事物本質的主動駕馭。當達到這個階段，我們便能夠拿所有經歷為自己所用。

就如同《失孤》裡面的一句話：「這裡的每一塊土地，你都生過、死過，每一個眾生都曾經是你的父母。」

致敬弗蘭克

關於有意義的一生，弗蘭克的書中有一段話令人動容：

即便他意識到自己老了，那又有什麼關係呢？他沒有必要嫉妒年輕人，更沒有必要因為虛度青春而懊悔。他為什麼要嫉妒年輕人呢？嫉妒年輕人所擁有的可能性和潛在的遠大前程嗎？「不，謝謝你。」他會這麼想，「我擁有的不僅僅是可能性，而是現實性，我做過了，愛過了，也勇敢地承受過痛苦。這些痛苦甚至是我最珍惜的，儘管它們並不會引起別人的嫉妒。」

在弗蘭克的課上，有人請弗蘭克用一句話概括他自己生命的意義。他把回答寫在一張紙上，讓學生猜他寫下了什麼。經過安靜的思考，一名學生的回答讓弗蘭克大吃一驚。那名學生說：

「你生命的意義在於幫助他人找到他們生命的意義。」
「一字不差」弗蘭克說，「你說的正是我寫的。」

本章的最後，致敬弗蘭克，真正的強者既不會看低他人，也不會抬高自己，而是有足夠的勇氣實踐自己生命的意義。他用強者的一生實踐了人生的意義，他用自己生命的意義教會了人們尋覓人生的意義。

02

第二章

用長遠的眼光駕馭慾望

01

慾望，隱藏在理想背後的秘密

　　很少人會去分析自己的慾望，更少的人把它當作一種資源來管理。智者將其分為三六九等，擇其益者而用之，愚者則像是給自己找了無數個主子，隨時隨地被主子操控。也就是說，一個智慧的人對慾望既不是排斥的，也不是屈服的，而是把它當作一種與自己共生的資源來看待，在與這種特殊資源共處的過程中去管理它，因勢利導，將其轉化為有益於自己的狀態。而愚蠢的人很難對慾望進行區分和調配，更多的時候是被自己的慾望壓在身下欺負，精神世界像一個失控的提線木偶，被肆意的慾望以各種形態任意驅使。

　　當然，也有一些人會說，你說的這些智慧的人堅持的東西應當叫作理想而不是慾望。是的，一個企業家、一個藝術家，當然可以

第二章｜用長遠的眼光駕馭慾望

說他畢生奮鬥的企業或嘔心瀝血的作品是他的理想。這是硬幣的一面，另外一面則是隱密的慾望。對於一個志在成為企業家的人而言，如果無法建構自己心目中理想的王國，他會難以認可自己存在的意義；對一個藝術家而言，如果無法創造出讓自己心潮澎湃的作品，他會覺得自己的創作靈魂無處安放。渴求理想的背後，是一種做不到就質疑人生的焦灼感，或是一種不達目的不罷休的天賦。因此，這種慾望驅動著他們，並以理想的美好形式展現給世人。

所謂理想，更像是慾望 + 外在環境 + 價值觀 + 稟賦匯聚後的聚體。人的理想受客觀環境、價值觀和先天稟賦的強烈制約，一個道德高尚的人在一個體制完善的環境中傾向於用他的稟賦實現一些更加美好的理想；一個性格陰暗的人在狹隘的制度環境中傾向於用更險惡的手段來實現一些不那麼漂亮的理想。

美劇《紙牌屋》中的女主角克萊兒，出身富貴，美麗優雅，是許多優秀男性的追逐對象。大多數女孩如果擁有克萊兒的一切，恐怕會非常滿足，過上夫妻恩愛、生活優渥、兒女繞膝的幸福生活。但是劇中的克萊兒放棄了那些與她門當戶對的富家子弟，即便面對溫柔浪漫，令人身心愜意的情人亞當，也只是在他的臂彎裡纏綣短短一週而已。一週過後的她整裝待發，依然與她那位出身於底層家庭，內心卑鄙的野心家丈夫攜手，投身戰鬥。她本來可以不這樣，卻處心積慮一定要這樣。

因為其他男人可以帶給她愛情、仰慕、呵護、財富，卻無法洞察她體面外表之下隱密的痛苦，而她的丈夫安德伍德可以。他們是慾望高度相似的同類，就像獅子與獅子才可以體會對方對於血腥的熱愛，而同在大草原上奔跑的羚羊卻不可以。這份慾望是獨特的、稀缺的，更是孤獨的。她既可以像慈母一樣呵護受傷失措的安德伍德，也可以像嚴母一樣激發安德伍德嗜血的野心。**這一切的犧牲與出發點都是慾望，是那種得不到就百蟻噬心的痛苦，是那種他人庸碌我進取的孤獨，是那種每一份尊重都要收割的野心。儘管她的出身已經讓她站在了無數人之上，但是她並不關注流動著人間幸福的腳下，她只關注上方背影的稀稀疏疏，那些不必要的落後讓她陷入怒不可遏的痛苦。**

「知道自己的慾望所在並且足夠強烈，本就是一種天賦」一位從事演藝工作的朋友對我說「在這個天賦層面上，很多普通人就和明星拉開了差距。別人多看兩眼，普通人都會害羞，而很多明星如同上癮一般渴望萬眾矚目。如果得不到關注，他們就會痛苦，那種痛苦是令人折磨的，在他們心中，無人問津約等於自己不存在。」

很多企業家從無到有，從小到大，一次又一次冒著巨大的風險不斷折騰事業。可以說是因為他們有一個遠大的理想，但是更重要的，是他們擁有一種不實現點什麼就焦灼、空虛的心理狀態，對這種狀態的恐懼，推動著他們走向了一條自我實現的路。

慾望中包含了熱情，也包含了憤怒。熱情源自於對更好狀態的

渴求，而憤怒在於對自身、對現狀不滿足所產生的排斥。

那些發誓要靠讀書離開大山的人，未必見識過都市的美好，他們只是不願意生存在大山的閉塞之中，於是披星戴月、風雨兼程追逐心中那個更為美好的可能。

那些以拼命賺錢為樂的人，未必喜歡瘋狂消費，他們只是恐懼沒錢給自己帶來的身心局促感，於是在拼命賺錢的過程中逃離曾經的恐懼。

那些瘋狂追求愛情的人，未必擁有柏拉圖式的愛情訴求，他們只是覺得自己的世界不夠完整，無法平靜、滿足地自處，於是需要強烈的慾望填充來逃避這種不滿足。

人們的行為源自於動機，而動機源自於慾望，所以人們在滿足自身慾望的時刻，會感受到生命的燃燒感。這是一種極度強烈的讓人陷入失控的能量。既然是能量，就是一種資源，正確使用帶來的作用是無法小覷的。**面對體內的這種能量，我們需要學會駕馭它，不但要學會無欲則剛，也需要理解有欲則強。**

所以，與其虛無縹緲地思考自己的理想是什麼，不如好好分析自己的慾望是什麼。如果能利用好這台與生俱來的發動機，不但能發現理想，也能實現理想。

02

慾望管理，人與人心智的分水嶺

你有強大的心力嗎？

雅各 · 拉岡[1]曾說：「人唯一有罪的地方，就是向慾望讓步。」
「不向慾望讓步」其實是讓你忠於慾望，堅持與自己相契合的生存
方式，而不是始終堅持著某種身份。如果不忠於慾望，就會覺得自
己與真正的自我意識割裂開來。當精神世界飄忽不定，失去根基，
人們很容易在機械的日常運轉中喪失對生活的信心。

沒有人單純靠克制慾望獲得成功，那些真正的成功者，都毫不

---

1 雅各 · 拉岡（Jacques Lacan），法國作家、學者、精神分析學家。

懷疑地忠於慾望，並且竭盡全力地將慾望實踐成真。同時，伴隨他們的還有另一樣東西，那就是管理慾望的能力。慾望就像一匹駿馬，如果你無法管理好它，它會帶你走錯方向，將你摔得遍體鱗傷；如果你能管理好它，它就會是你最忠實得力的部下，帶你走到不曾想像過的遠方。

慾望管理能力是人與人、人與動物之間的重要分水嶺。食色，性也。但我們有更重要的慾望，關乎尊嚴、金錢、友誼、自我實現等。更屬害的人，會極度聚焦在那些最重要、最煎熬的慾望上。

慾望管理的核心：選擇就是放棄

愛瑛是我的學姐，但是她比我大近二十歲。在她二十多歲的年紀，社會上的機會還很稀缺，但是她不甘命運的安排，勇敢地為自己做出了一個重要決策，讓她的人生有了一個 180 度的逆轉。回顧過往的選擇，她最堅信的道理是：

「選擇就是放棄。」

愛瑛姐大學畢業後，被分配了一份在省城的穩定工作，在歲月靜好的辦公室裡，她度過了一天又一天。沉悶中她覺得這不是她想要的生活，但是在那個資訊不發達的年代，她看不到更多的選擇，於是陷入一種困頓、迷茫的狀態當中。突然有一天，她接到一位朋友的電話：「我要出國了，去美國」她第一次意識到原來除了上班，

還有留學這條路。彼時的她對美國的印象還停留在電視電影中，但她突然覺得，在這裡，自己似乎已經看到了人生的盡頭，但是在大洋彼岸高樓大廈的浮光掠影之中，也許有一些意想不到的可能。

於是回家之後，她對父母說自己要出國的想法。但是她剛結婚，父母還等著抱孫子呢，聽到女兒說出這麼瘋狂的話，他們震驚之餘極力反對。在這種持續的反對之下，她做出了兩個驚人的舉措：與新婚的丈夫離婚；剃了頭把自己鎖家裡，複習考試。頂著周圍人的巨大的壓力與不解，她真的實現了自己的目標，去大洋彼岸讀書、工作，再後來回國創業，並且建立了新的家庭。

作為晚輩，我曾聽過很多屬於那個年代的故事。那個年代，城市之間的差距很大，中國與已開發國家之間的差距更大。有的人因為出差，從我的家鄉來了北京，就再也不願回去。有的人因為去了一次美國，就下定決心去美國奮鬥，哪怕在那裡承受巨大的孤獨與前途未卜的壓力。但第一次與擁有這樣經歷的人面對面交流，我還是按捺不住內心的好奇，問了她很多關於抉擇的問題。

「那個年代不比現在，離婚似乎是一件有很大世俗壓力的事，您當時會不會有擔心和猶豫？」

「一個人要先明白自己想要什麼樣的生活，才能明白自己想要什麼樣的婚姻，這兩者是不可顛倒的。我很清楚地知道我不想做一

份一眼看穿下半輩子的工作，也不想生活在閉著眼睛就能走通大街小巷的城市。所以，在那個年代，我選擇了做一個『壞人』。雖然家人很不理解，但是我不能背叛我想要的生活。雖然承受著非議，但當時確實義無反顧。」

「後來您已經在國外有一份不錯的生活了，為什麼又選擇回國呢？」

「是，我可以做一個平淡、幸福的中產階級。但那個年代，華人在國外持續向上奮鬥也並不是一件容易的事，我始終想要創造自己的事業，看到國內經濟發展很快，所以就回國了。回國之後我是有不少積蓄的，但是我很多年一直住著一個小房子，就是希望能夠有充裕的資金運作自己的事業。」

「當時沒有擔心過失敗嗎？」

「我人生中有很多重大的選擇，任何選擇都是有成本的，時間、金錢、失敗、非議……但是任何懂得做選擇的人都要明白一個道理，那就是，選擇意味著放棄，放棄那些看似也還不錯的選擇，放棄那些無用的虛榮，放棄干擾你這個選擇的一切。既然選擇了回國創業，就相當於放棄了不承受失敗的可能。如果失敗了，那就必須承擔代價，逃不掉的。」

「放棄這麼多，後悔過嗎？」

「不會，只有把那些看似重要卻又干擾目標的事情放棄，才有可能全力以赴達成目標。」

愛瑛姐的人生似乎得到了她想要的一切，但是在每一個決策面前，她從來沒有想過「我都要」，她永遠都會簡化自己的決策指標，只保留那件最重要的事情。**其實干擾慾望實現的，恰恰是貪心。**一個善於駕馭自己慾望的人，會圈定自己的能力範圍，會為了最核心的慾望做出必要的取捨，給最重要的事情留出比他人更充裕的空間。這樣他才能把精力、智識、時間發揮到極致，讓自己的人生始終處在一種精銳、勇猛的進取狀態。

碎片型慾望VS戰略型慾望

在管理慾望之前，我們需要將慾望分類，從功能角度可以將慾望分為兩類：碎片型慾望與戰略型慾望。

什麼是碎片型慾望呢？

例如，追劇、購物、旅行、聊八卦和追逐很快過時的新聞熱點等。這些慾望都是非常碎片化的，短期內能讓我們的心情放鬆，但是從長期來看，它們對於我們的人生影響甚微。

什麼是戰略型慾望呢？

例如 3 年內升為中階管理者，5 年內擁有 1000 萬的可支配資產，啟動一個有前途的副業對沖 35 歲之後的職場風險等等。戰略型慾望屬於想和做之間週期長，做和驗證之間週期長，階段性成果較容易模糊的目標（即便努力了，它的成果在短期內也未必很明顯，也有可能因為戰術的調整而影響目標的實現），但是對於更長的週期而言，它們是人生中重要的一環，不走這一環就很難到下一環。作為奠基石一樣的存在，它們對生命的影響巨大。

前者的實現過程很容易，因為門檻很低，我們能在短期內得到正向回饋。而後者的實現過程可能伴隨著煎熬，因為慾望越大，門檻越高。由於缺乏耐心、方法失當，大多數人注定被擋在門外，只有少數人能夠明白複利的意義（第六章會細講），在時光中收割價值。

在每日的生活當中，碎片型慾望與戰略型慾望應是旁枝與主幹的關係。所謂主幹，是有力而專一的，它是成長的主方向，能量的來源，生存的意義；而旁枝，則是更加分散的存在，它們讓主幹更有能量，卻不宜過多，我們需要對它們進行適度的精簡，保證主幹有品質地成長。我們常說玩物喪志，也就是說，碎片型慾望佔據了人生太大比重時，我們最重要的那些人生使命便難以有足夠的精力與空間去實現。

碎片型慾望

戰略型慾望

如何行之有效地實現戰略型慾望？

（1）拉長週期

　　對現代人而言，活到 70 歲以上已經不是一個難題，我們有足夠長的時間去做好我們想做的事。所以，在設定目標時可以站在一個更長的週期裡，以 3 年、5 年，甚至 10 年為週期規劃一個目標，都是非常合理的。對成年人而言，每天之間的差異實在是太小了，甚至在每年的年初和年終，也不會覺得有太大的變化。但是足夠長的生命週期讓我們人生當中那些看似困難的目標有了實現的可能性。我們完全可以脫離以年度為節點來設定目標，因為事實上，那些影響我們終身的事往往在一年內根本無法完成。因此，在實現我們的戰略型慾望時，可以適度把週期拉到 5 年甚至更長。自己想要什麼樣的生活？這種生活從現實的角度來考慮，可行性有多少？例如想

要提前退休，儘早結束職業經理人生涯；例如想要改行，在新的行業裡再啟航程；例如想要成為一個自由職業者，自己定義自己的商業模式。這些目標對人生來說意義重大，都不是短短一年就可以見效的，那麼就應當在一個更長的週期裡，對它們進行思考和規劃，3年不行就5年，5年不行就10年。盡可能在時間和空間的縱深中考慮這些事情的可行性，並且始終不放棄實現它們。

（2）聚焦聚焦再聚焦

沒有一家公司有兩套策略目標，任何一個人，精力和資源也都是有限的。我們想要在有限的條件下創造出極限的價值，最重要的事情就是足夠聚焦，聚焦的行事方式就像一把利劍，用它插入目標，不僅快而且深。但若是不夠聚焦，難免像鈍錘挖坑、隔靴撓癢，發揮的作用毫無競爭力。

麥克‧弗林特是巴菲特的私人飛行員。在聊到職業目標時，巴菲特請他列出自己未來的人生中，想要去做的最重要的25件事。寫完之後，巴菲特要求他必須從中選出5個。

弗林特圈出其中5個說：「我準備盡快開始。我明天就開始做，不，我今晚就開始。」此時，巴菲特問道：「那麼，那些沒有圈出來的目標呢？」

弗林特信心十足地回答:「這樣吧,我把主要精力放在頭 5 個重點目標上,其次的 20 個目標,我會在達成頭 5 個重要目標的過程中,抽空去做。」

　　「不,麥克,你錯了!」巴菲特厲聲說,「你沒有畫圈的那些,就是你的『堅決不碰』清單。無論發生什麼,在你成功達成頭 5 個目標之前,絕對不要碰。」

　　巴菲特讓弗林特把自己的目標圈定在一個極小的範疇之內,並且使命必達,而這恰好也是他的行事邏輯。巴菲特從 11 歲買下第一隻股票起,已經在投資事業上耕耘了近 80 年,他在 60 歲之後便獲得了人生中 90% 的財富。每個人一生都有一些期待實現的慾望,但是面對這些誘惑,**比有所為更難的,恰恰是有所不為。正因為有所不為,才讓我們有充裕的精力有所為。**

(3) 把慾望分解為目標

　　山田本一是 20 世紀 80 年代日本的馬拉松運動員,1984 年,在東京國際馬拉松邀請賽中,名不見經傳的他出乎意料地贏得了世界冠軍。當時許多人都認為這個跑到前面的其貌不揚的矮個子只是個偶然。兩年後,國際馬拉松邀請賽在義大利北部城市米蘭舉行,山田本一代表日本參加比賽。這一次,他又獲得了世界冠軍。

　　兩次奪冠,讓人們意識到這並非偶然。

後來，山田本一在他的自傳中說：「每次比賽之前，我都要乘車把比賽的線路仔細看一遍，並把沿途比較醒目的標誌畫下來，比如第一個標誌是銀行，第二個標誌是一棵大樹，第三個標誌是一棟紅房子，這樣一直畫到賽程的終點。比賽開始後，我就先衝向第一個目標，等到達第一個目標後，我又以同樣的速度向第二個目標衝去。四十幾公里的賽程，就被我分解成一系列的小目標，輕鬆地跑完了。起初，我並不懂這樣的道理，常常把我的目標定在四十公里以外終點的那面旗幟上，結果我跑到十幾公里時就疲憊不堪了。我被前面那段遙遠的路程給嚇倒了。」

他的這套模式與《赤手登峰》當中的攀岩者艾力克斯極為相像。艾力克斯在進行徒手攀岩之前，會無數次地攀爬目標山峰，記錄下每一段路徑與其特徵，選擇最佳路徑，規避危機重重的位置，以保證在脫離了保護措施的時候依然能夠成功登頂。

人們並非一開始就知道怎麼去實現慾望，而是需要大量時間去思考與探索，以確定那個最佳路徑。就好像我們遇過很多異性，才知道自己最中意哪一種；去過很多城市，才知道最適合自己的生活方式；嘗試了很多學科，才明白自己應當向哪個方向深造。唯有經歷實證，才能從大量的正確與錯誤中找到自己與目標之間的最佳路徑。

在這個過程中需要避免刻舟求劍、急於求成，以及被虛榮心過度干擾，需要極度地聚焦在目標的可行性上。當我們確實想明白了，在我們面前就會展現出一個以 3 年為週期或 5 年為週期的階段性目標。這樣的目標會讓我們產生一定的壓力，但也會帶給我們為實現目標而不斷進化的安全感。

此時的我們就像山田本一一樣，面對第一個目標心無旁騖地衝過去，在實現了第一個目標之後又能量滿滿地向第二個目標衝過去。也許每一個目標在宏大的慾望面前只是一個小小的碎片，但是在我們的積極行動當中，碎片會一點一點拼湊，最終呈現出我們心目中的理想模樣，也讓我們每一日的生活不再庸常。

目標的實現過程一定伴隨著成功的酣暢淋漓與失敗的冰冷殘酷。但是沒有關係，山就在那裡，我們一遍又一遍地打磨路徑，就會讓我們下一次更加迅捷而正確，沒有什麼比這種苦樂參半的過程更讓我們清晰地體會到，自己紮紮實實地活著。

03

有恆產者有恆心

　　秦可卿去世前曾經向王熙鳳托夢，囑咐鳳姐一定要未雨綢繆：「如今我們家赫赫揚揚，已將百載，一日倘或樂極生悲，若應了那句『樹倒猢猻散』的俗語，豈不虛稱了一世的詩書舊族了。」她建議王熙鳳「趁今日富貴，將祖塋附近多置田莊、房舍、地畝，以備祭祀、供給之費皆出自此處，將家塾亦設於此」。

　　秦可卿的建議很有遠見，第一，保住祖塋，讓整個家族根源不斷，保證後輩沒有生存之憂；第二，設置家塾，以求未來開枝散葉，代代攀緣，鞏固家族勢力。第一個建議的核心在於保障資產，抵禦風險，同時能為家族的發展創造源源不絕的經濟支持；第二個建議的核心在於增強家族勢力，擴充向上的管道，保證子孫後代富貴兩

全。

如果賈家只是平凡人家，自然只會關注當下的溫飽和鄰里的恩怨，旦夕間的禍福都無暇多慮。但他們恰恰是上可通天的富貴家族，擁有豐饒的物產與尊貴的地位，自然想要延續家族的繁華，所以能夠把眼光放到百年以後，思量子孫後代的出路。這其中體現的，就是「有恆產者有恆心」。

囤積資產，自古以來就是人們保全家族發展所做的必要手段。雖然古時重農抑商，但是並不能壓制人們對資產的思考與重視，從千古流傳的成語當中就可見一斑：坐地起價、囤積居奇、奇貨可居、水則資車、旱則資舟。這些成語都涉及交易與資產。

所謂資產，就是由我們過去的交易或其他事項所形成的，由我們擁有或控制的，會為我們帶來預期經濟利益的資源。也可以借用《富爸爸窮爸爸》當中通俗易懂的定義：資產就是能把錢放進你口袋裡的東西。基於這句話，我們可以環視房間一周，看看自己的房子、家電、衣服、手錶、包包、理財帳戶，看看自己所擁有的一切到底能給自己的口袋裡放入多少錢。

優質的資產能源源不斷地為我們創造收益。例如，騰訊的股票，十年時間價格成長了三十多倍；一線城市的房子，十年時間價格增加了十倍。而對比之下，劣質的資產很難在未來為我們帶來足夠的

利益。例如，用過的唇膏、穿過的鞋子、開舊的汽車，這些物品放在二手市場上，相比它的入手價格，幾乎是斷崖式的下跌。

我們每天的行為，無論是買進還是賣出，圍繞的都是資產的周轉。對於常見的幾種資產而言，門檻高低依序為，房產＞汽車＞家電＞玩具＞穿戴。當我們的購買力在上一層實現無望的時候，會自然選擇次一層。在即時滿足的慾望極為強烈時，我們常常是反向操作，穿戴＞玩具＞家電＞汽車＞房產，但是短暫的滿足並不會為長遠的幸福負責，無論是有意還是無意，這種自下而上的慾望達成模式都會讓我們離最上層的資產越來越遠。

我曾熟識兩位家境、外表都類似的普通女孩，一個人在十年前刷了二十多張信用卡為自己買了一套房，另外一個堅持「投資」自己，買車、買包，全世界「打卡」。前者在二線城市房價暴漲之前化整為零，將北京的房子換了五套二線城市房產，現在已經有接近1000萬的資產。後者總是覺得女孩「投資」自己就是「投資」婚姻，但是隨著一線城市婚戀市場愈加嚴酷，她至今並沒有找到那位能讓自己拎包入住的先生。

有些人會說，北京房價那麼貴，我買不起為什麼不能消費其他的？當然，「人生得意須盡歡」，但在做出這個決策的時候，我們首先要看自己可以得意多久。北京這樣的一線城市，就像大型的夢幻遊戲樂園，年輕人以青春為門票紛紛湧入，遠高於二線城市的薪

資就像玩遊戲的籌碼，每個人都需要根據自己的籌碼選擇屬於自己的玩法。有的人選擇了購買一線城市的房子，有的人選擇了購買二三線城市的房子，有的人選擇了自己可控的優質資產，有的人選擇了衣服、包包。但幾年過去後，選擇優質資產的人均能獲得穩定甚至豐厚的收益，購買穿戴的人則需要考慮這場遊戲的下半場何以為繼。

一線城市的拼搏從來不是安逸的，「996 工作制」的身心壓榨，高額的房租，昂貴的日常消費與夜半的孤單霓虹，都是大多數人必須要承受的代價。人們在這個城市心甘情願地「拋頭顱，灑熱血」，也用勞動所得為這個城市的消費繁榮買單。繁榮與笙歌讓人放大青春的快樂，但也讓人忘記如何用好自己手中的籌碼。當我們的生產力降低到不足以適應這個城市的時候，會發現自己已經站在人生的十字路口，這些年來更像這個城市的消費品，並沒有真正的積累，只是徒增折舊而已。因此，身處一線城市，面對資產的流動盛宴，我們需要在身體健康折舊之餘，於這盛宴的弱水三千之中，取幾瓢留在自己的碗裡。

人們總是高喊跨越階層，認為穿著昂貴的衣服與鞋子就能夠與更高階層的人平等對話，如果真是這樣，那麼跨越階層便無門檻。階層與階層之間有大堆的墊腳石，資產，就是墊腳石裡最好用、最通用的一種。隨著你的資產規模不斷增大，你會發現自己的人生效率也會持續提升。在郝景芳的《北京折疊》裡，第一空間的人一天

有 24 小時，第二空間的人一天有 16 小時，第三空間的人一天有 8 小時。這樣的構思可以說對社會的洞見相當透徹，堪稱一個簡化的社會階層模型。社會階層是社會效率分工的結果，高收入階層擁有更高的生產效率，而低收入階層生產效率偏低。資產的量級決定了你可以選擇的生活方式，也決定了你可以具備多高的效率撬動更大的資產。

　　所以，**想要高一級的自由，就先控制低一級的自由。**當我們的資產規模發生躍遷的時候，我們的人生話語權才能發生躍遷，這個時候才有所謂的自由可言。當我們卸掉妝容，放下包包，脫掉各式各樣的衣服，赤手空拳與他人面對面的時候，就是「有產者」與「無產者」的對話。**那些如同煙火般肆意流動的慾望，都應當落在真正沉澱價值的地方。**

03

第三章

用全面的指標自我定位

01

尋找屬於自己的領先優勢

領先優勢源自於正確的選擇

我曾經收到這樣一封私訊：

輅姐您好：

我是您的忠實聽眾。兩年前我畢業於一所重點大學，目前在一家很好的顧問公司工作。現在我對自己和自己的工作都感到很困擾。畢業的時候我拿到的 offer 是全班最好的，當時讓很多人羨慕，我也很有優越感。但是經歷了兩年的工作，我感到越來越力不從心了，幾乎每天都處在極度的自我否定當中。我感覺邏輯不是我的強項，對於這種分析類的工作實在沒興趣，無法想像自己一輩子做這

行該怎麼堅持下去。現在每天早上要努力提起精神才能去上班，總是渾渾噩噩的，非常焦慮，年終考核時相比同屆的新人，我的業績很落後，這和我大學的時候反差太大了。也許在老同學的眼裡，我還是很讓他們羨慕，大學成績好，工作薪資高、很體面。但是我現在身心俱疲，導致工作頻頻出錯，真是太討厭這份工作了。我也嘗試投了一些履歷，但是目前的我，只有顧問行業兩年的工作經驗，要不就是降薪去一些更差的崗位，不然就還是回去做老本行。我不想做向下的妥協，也不想繼續做這份工作，真的太迷惘了。我在想，我是不是根本不適合上班，要不要重回學校繼續上學。

小鹿醬

可能對於一畢業沒找到好工作的人而言，小鹿醬一畢業就能找到好工作真的令人羨慕，但是小鹿醬每天面對赤裸裸的挫敗感，一定是冷暖自知。曾經的她在同學眼裡是個佼佼者，畢業後的前兩年，也依然扮演著佼佼者的角色，只不過自己內心的呼喚與外在的角色始終衝突，讓她越來越難以扮演下去了。如果失去了體面、高薪、優越感，她會難以忍受，但是真實的工作體驗也很痛苦，負面情緒似乎就要壓垮了她。

從校園進入社會是一個快速洗牌的過程，每個人都必須從適應校園規則轉化為適應社會規則。我們在校園當中的許多榮耀與技能，未必能夠在這個社會上延續，但是社會需要我們具備的能力，在我們面對一項項選擇或挑戰的時候又必須具備。小鹿醬在大學表

現優秀，但是進入社會後卻經歷了人生中的第一次「滑鐵盧」。毋庸置疑，學校曾是適合她發展的土壤，但進入社會後，土壤是複雜的。有些地方是酸性的，有些地方是鹼性的；有些地方乾旱，有些地方濕潤。我們就是一粒小小的種子，蘊含著巨大的潛力，也全方位地承受著外在環境對我們的影響。因此，在我們考慮茁壯成長之前，首先要考慮的是如何選擇適合自己的土壤。就好像在茫茫沙漠上，杜鵑花雖美，卻無法生存；仙人掌賣相不好，卻能傲然挺立。別人眼裡的好和適合自己的好終究是兩個概念。小鹿醬就是一顆等待被新土壤滋養的種子，但是她在做決策的時候沒有研究清楚自己是誰，僅僅因為這個選擇薪水高、看起來體面就迅速下了決定，而忽略了職場發展其實是選擇適合的土壤，彼此相生的過程。如果不適合自己，一定會在不斷的磨合中引發痛苦，更別談獲得領先的成就。

同樣是拼事業，憑什麼你就能比別人更有成就？有且只有一種可能，就是你在這個領域比別人佔據了更多的優勢並且做到了持續領先。關於如何具備領先優勢，古人有一句話廣為傳播，而現代人也常用來調侃，那就是「一命二運三風水，四積陰德五讀書」。

這句話出自清朝文康先生所撰的《兒女英雄傳》：「你道安公子才幾日的新進士，讓他怎的個品學兼優，也不應快到如此，這不真個是『官場如戲』了麼？豈不聞俗語雲：『一命二運三風水。』果然命運風水一時湊合到一處，便是個披甲出身的，往往也會曾不

數年出將入相，何況安公子又是個正途出身，他還多著兩層『四積陰功五讀書』呢！」

這裡，我們聊聊最重要的前三項是如何改變一個人的人生的。

所謂命，是你中了怎樣的「卵巢樂透」

社交是尋求共性的過程，但競爭是創造差異性的過程。命是一個人的出發點，也帶給每個人最原始的差異。

還是個孩子的時候，我各方面的條件都很優越。我的家庭環境很好，家人談論的都是趣事；我的父母很有才智；我在好學校上學。我認為，我的父母是世界上最好的。這非常重要。我沒有從父母那裡繼承財產，我真的不想要。但是我在恰當的時間出生在一個好地方，我抽中了「卵巢樂透」。

這段話源自巴菲特。他認為父母的影響和家庭的薰陶對他的一生影響極大，他在恰當的時間出生在一個恰當的地方，就好像抽中了「卵巢樂透」一樣。

巴菲特所說的卵巢樂透與命的概念如出一轍。我們每個人都誕生在不同的家庭，生來就具備了不同的智力優勢、外表優勢、財富優勢、性格優勢。這些優勢的聚合對人的少年時代有著巨大的影響，

成年後的事業也往往受此影響。有些人中了「卵巢樂透」可以子承父業，有些人生來「寡助」只能白手起家。人生前三十年，家庭所賦予我們的一切，深刻地影響著我們奮鬥的速度與「加速度」。

所謂運，是你是否受益於社會的發展規律

　　智商、情緒智商、家庭背景相似的兩個人，畢業後選擇了不同的行業與職位，短期區別不大，但是長期看來卻會有巨大的差距。如果其中一人進入了快速發展的新興領域，那麼差距更是雲泥之別。這個差異並非是簡單的個人努力帶來的，而是外界事物的發展規律發揮了巨大作用。就好像一對雙胞胎兄弟，一個人坐著跑車在高速公路上馳騁，一個人坐著曳引機迂迴在山間田野，必然帶來速度的不同、體驗的不同、風景的不同。前者風馳電掣地衝過終點線，後者卻總因為起伏顛簸，頻繁拋錨。等在終點相聚時，會發現你早已不是你，而我也早已不是我。

　　同樣天賦異稟的兩位女性，生在一百年前與生在現在，獲得的財富與社會地位是完全不同的；同樣是跳舞、唱歌的才藝，古代人看待從業者的眼光與現代人是完全不同的。改革開放四十多年來，每一位親歷者都坐在經濟高速發展的火車上，迎來了人生風景的巨變，而在巨大的機會浪潮中，做出不同選擇的人，又在屬於自己的行業迎來了人生的巨變。所以，歷史的規律、社會的規律、文化的規律、行業的規律，都是作為個體的我們無法與之相抗衡的。坐在

那趟最快火車上的人，自然風景獨好。

所謂風水，是你與所選的環境是否互相成就

風水，本是古人的相地之術，本質上是希望環境對人發揮積極的作用。進入現代社會，我們自然脫離了很多迷信的束縛，但是也可以洞察到，在古人沿襲的理念裡，環境對於人的作用是非常重要的。回溯人類長久的發展歷程——勞動在麥田裡的人創造了農耕文化，馳騁在草原上的人創造了遊牧文化，依託海洋而生的人創造了海洋文化——人類與環境始終是相互依賴、相互改造的關係。把週期縮短到人的一生，把樣本縮小到每個人，那就是我們不應忽視所處的環境，必須專注於生存環境對我們產生了怎樣的影響。

在現代社會，每個人對自己的人生都有選擇權。基於此，我們應當選擇那些能讓自己發揮正面作用的環境與領域，與自己生存的小世界彼此「相生」而非彼此「相剋」。所謂相生就是彼此成就，所謂相剋就是彼此折磨。就好比男友與你彼此督促，一起創造美好生活，此謂相生；男朋友整天挑剔你的高矮胖瘦，打壓你，你也因此給他增加不愉快，此謂相剋。你選擇一份事業，覺得很熱愛，並且渴望做出成就，此謂相生；你被迫做一份工作，而且費勁全力卻做得很差，此謂相剋。所以應當選擇與自己「相生」的事業，你選擇了它是它的幸運，它選擇了你是你的幸運。畢卡索選擇了繪畫，高斯選擇了數學，愛因斯坦選擇了物理，李安選擇了電影……對於

大師，正確的選擇改變了屬於人類的大世界；對於平凡的個體，正確的選擇改變了屬於自己的小世界。彼此「相生」，才能愉悅順遂。

「卵巢樂透」固然令人羨慕，但是它對人發揮的影響有限，且主要集中在前半生。如果一個人天賦和出身很好，但是後面的選擇不好且不加以努力，那就意味著他並沒有達到自己本來可以達到的上限。如果一個人出身普通，但是後面的選擇越來越好，那麼其一生的奮鬥其實已經讓他逼近了自己人生的上限。所以一個人的領先優勢並非是靜態的，而是處於持續的動態當中。雖然我們常常拿「一命二運三風水」來調侃，但也能看出，自古以來人們對於個體如何具備領先優勢是有思考的。古今中外的有識之士都喜歡探討世界的規律，很重要的一個原因就是希望能夠把握世界的規律，延續屬於自己的領先優勢。因此，關於個人的發展，我們不應閉門造車、刻舟求劍，而應尋求更科學的指標來整理自己的領先優勢。這些指標不應忽略個體差異，也不應忽略環境差異，更不應忽略時間的作用。這些指標不應當只是讓人滿足短期訴求，而是應當讓人努力挖掘自己的才華，在漫長的一生中，盡可能達到自己可以達到的上限。

02

立足「基因」優勢，順勢而為

天之道，損有餘而補不足。人之道，則不然，損不足以奉有餘。

——老子

人人都可以順勢而為

雷軍曾說過一句名言：「只要站在風口，豬也能飛起來。」這句話強調了順勢而為的重要性。網路創業大潮確實讓許多創業者飛了起來，但是大多數人在風停了之後又不可避免地摔落在地上。為什麼？豬不是鳥，它飛起來的同時定然會冒著自己無法駕馭的風險。最後的結果是鳥飛到了對岸，而豬摔了個粉身碎骨。他們可能臨死都來不及想明白：你把握不住的勢，就不是你的勢。

那麼，有沒有什麼勢是我們一定可以抓得住的呢？有一個字叫優勢，優勢本來就是一種勢。

　　曾與一位前輩聊天，我問他：「您覺得一個年輕人在奮鬥的時候，怎麼才能做到順勢而為？」

　　他回答：「先想想自己的亮點。大多數人並不是沒有亮點，而是畢生都沒有發現自己的亮點。有的人是大棗，九月份下枝頭才最好，但他七月份就急著和其他的水果一起湊熱鬧；有的人是青花菜，清炒著吃就好，但他偏偏要和五花肉一起湊熱鬧。人和人是不同的，橫向看永遠沒邊際，只有縱向看，看清楚自己，才能知道哪塊材料堪當重任。很多人一把年紀一事無成，都是左看看右看看，唯獨不好好看看自己，最終在隨便和左搖右擺中蹉跎了青春。」

　　「所以怎樣才算是一種個人優勢的順勢而為？」

　　「外部的機會是有限的，並不是它們來了你都能抓住。要先看自己內部，你已經擁有的才是自己真正能夠把握的，發現它們並且把它們運用到極致就是順勢而為。這是趨利避害，只要你做了最適合自己，最能發揮自己優勢的事，就不會在不適合的事情裡徘徊，這對大多數人來說，已經是資源和效率上的領先了。」

　　其實他談到的思路在一級市場的早期投資中也是很常見的。做

投資的時候研究新創企業，往往會考察創辦人的「基因」優勢，也就是他現在有什麼。譬如，在這個行業有多少年的經驗，積累了多少資源，個人對於行業是否具備深刻的洞察，個人潛力能夠駕馭多大的盤面。只有他在「基因」上有優勢，我們才有更多的理由相信，這份「基因」能夠不斷裂變，從大腦中的一個想法開始，裂變為一個行業的獨角獸。如果創始人不具備做成這件事的「基因」，但依然想赤手空拳拔得頭籌，那麼我們有理由相信，他將不得不面臨很多艱難的挑戰，在面對「基因」更好的玩家時，更容易被擊潰。

其實，我們每個人都在經營一家新創公司，這家公司就是我們自己。有的人經營能力驚人，名利頗豐；有的人經營能力欠佳，幾乎要走向破產的邊緣。所以我們在定位自己這家公司之前，首先要考慮的就是這家公司的「基因」是什麼，如何沿著自己的「基因」優勢順勢而為。

找到屬於你的優勢戰場

從學生時代起，我們每個人可能都體會過「基因」優勢的力量，它是一種毫無公平可言的資源差距。同班，有的人每天上課睡覺，考試卻能名列前茅；有的人頭懸梁錐刺股，成績卻依然是中游水平。因為擅長學習的那個人可以用基因「作弊」，在適合自己的戰場，應對適合自己的指標，而後者反之。所以後者無論怎麼努力，也只能行走在前者榮光的陰影之下。但是如果給這群人劃分十個不同的

競爭領域，有的領域考核數學，有的領域考核音樂，有的領域考核美術，有的領域考核體育，那麼我們很快就會發現，一部分人的成績會從落後轉變為領先，因為他們找到了屬於自己的優勢戰場。

所以「基因」優勢是我們最重要的資源，也是我們在人生這個牌桌上重要的籌碼之一。只要你觀察過 40 歲以上的人就會明白，靠自己的弱點活一生，猶如拿著大刀拼大砲，再努力都會充滿艱難與挫敗，一輩子都難以志得意滿。因此，在你奮鬥的領域裡，「基因」優勢是保證勝出的重要條件。這裡的基因並非單單指遺傳基因，而是一種個人資源的綜合。一個人的資源包括許多面向：智力、外表、家境、眼界、情緒智商、人脈……所有可以與這個世界發生連接與交換的個人資源都是我們的「個人基因」。「個人基因」可以是存量型資源，也可以是增量型資源，與生俱來的資產是存量型資源，自我奮鬥的成果是增量型資源，但是它們都會在某些領域發揮積極的作用。

在事業發展的過程中，存量型資源會在前半生發揮巨大的作用，但是隨著個人主觀能動性的不斷提升，增量型資源會在後半生發揮更大的作用。**少年得志是存量型資源的集中爆發，而大器晚成則是增量型資源對於人生的公正肯定。**

肯德基創辦人哈蘭・桑德斯是全世界大器晚成的模範。兒時的他家境貧困，為了照顧弟弟妹妹，自學烹飪，因此練就了遠近聞

名的烹飪技藝，在大家的交口稱讚中，他第一次發現了自己的「基因」優勢。40 歲的時候，桑德斯經營加油站，除了加油服務，他還推出了自己的特色食品——炸雞。由於味道鮮美、口味獨特，很快就受到了食客們的熱烈歡迎，以至於很多人來加油站不是為了加油，而是為了大快朵頤。然而不幸的是，二戰的爆發讓他的生意受到了嚴重的打擊，政府實行石油配給，加油站被迫關門。為了償還之前的債務，他甚至用光了所有的銀行貸款，只能靠政府救濟金過活。

站在命運的谷底，年過花甲之年的桑德斯堅信自己獨創的炸雞調味料是自己的最大優勢和救命稻草，於是桑德斯從肯塔基州到俄亥俄州，沿途兜售炸雞的特許經營權。整整兩年，他被拒絕了 1009 次，終於在第 1010 次才迎來了第一次成功。在他 62 歲時，鹽湖城第一家被授權經營的肯德基餐廳終於建立了，短短 5 年時間，發展了 400 家連鎖店，並且逐漸成長為一個世界性的品牌。桑德斯的人生跌宕起伏，但始終沒有間斷的是，在美食這條路上不斷累積著自己的增量型資源。這優勢讓他乘風破浪，四海揚名。

除了某些做事的天賦是「基因」優勢外，環境對我們的塑造也是一種優勢。我有一個學霸朋友，他的父母都是教師，他從小上學面對老師，放學面對老師，寒假面對老師，暑假面對老師，以至於產生了巨大的逆反心理，一度非常厭惡這種條條框框的環境。大學畢業後他沒有繼續深造，而是去大公司做起了銷售，想要脫離父母

的羈絆，紮紮實實地接地氣。但想來容易做來難，他這份銷售工作不可避免地要與三教九流打交道，然而他從小生活在教師家庭，性格清高得很，稱兄道弟地拼酒，簡直要了他的小命。結果一年多下來，業績不好，過得也很不開心，於是他心一橫，從這家公司跳出來，充分發揮自己數學系高材生的優勢，開了個奧林匹克競賽工作室，給孩子們教授奧林匹克數學。第一年投入和產出勉強持平，第二年簡直門庭若市，收入是他做銷售時的好幾倍。

後來他對我說，父母那種波瀾不驚的生活方式是他非常不喜歡的，但是也不得不承認，出生在教師家庭，一方面讓他的學科底子和學習方法非常紮實，另一方面好像天賦一般，他就是很會給人上課。曾經處處碰壁的「墊底業務員」終於逃離了不屬於他的路徑，從家學中找到了自己的逆襲之路。

繼承家學的例子在政治、商業、學術領域是非常多見的，冰山之上似乎只是職業的傳承，然而冰山之下是家學與社會規律不斷嵌合的過程。上一代艱辛摸索的經驗沉澱成身教言傳，讓下一代在某些領域天賦般地駕輕就熟。這是一種更為可貴的資源傳承。

當我們選擇進入一種生存環境的時候，關注的往往是這個環境中有哪些機會與競爭者，卻很少從自己的「基因」優勢層面考慮如何與環境中的機會博弈。如果我們無法在博弈中獲得勝利，恐怕連原有的都會失去。

　　所以，天道酬勤應當是一種做事的態度，而不應當是一種決策的指標。競爭中勤能補拙是一種方式，帶著優勢進場也是一種方式。前者要求我們的進步有巨大的「加速度」，這樣才能跑過那些自帶優勢的競爭者，後者就好像在百米賽跑中被賦予了提前起跑權，在合乎規範的「作弊」中，更早獲得大機會，更早獲得大挑戰，更早為自己跑馬圈地。**一個人應活得像一家公司，用發展的眼光看待問題，**在做任何選擇的時候，先給這家公司做個最簡單的 SWOT 分析，看清優勢與機遇在哪裡，再投身奮鬥也不遲。

03

立足能量來源，主動進化

想要精通某事，必須對它真正上心；想在某個領域出類拔萃，必須為之痴迷。很多人說他們渴望成就一番事業，卻不願為此做出必要的犧牲。

我內心有源源不絕的渴望，訓練自己成為最傑出的籃球運動員，從不需要任何外在的激勵。

——柯比·布萊恩《曼巴精神》

他曾經在晚上 11：30，凌晨 2：30、3：00 打電話給我，發訊息給我，探討低位背打、步法，有時候甚至是三角進攻（的問題）。起初，這讓我很惱火，但後來演變成了一種特定的熱情。這孩子有著你永遠不知道的熱情。這是關於熱情最奇妙的事。如果你

熱愛什麼，如果你對某樣東西有著強烈的熱情，你會登峰造極地去嘗試理解或是得到它，無論是冰淇淋、可樂還是漢堡。如果你會走路，你會（自己）去拿，即便是要乞求某人，你也會想辦法得到。

——喬丹寫給柯比的悼詞

是什麼讓我們的行為發生了進化？

幾年前我在招聘的時候，面試一個新人，我問他一個問題：「不考慮現實情況的話，你最大的人生理想是什麼？」他回答：「財務自由，然後做自己喜歡的事。」我再問：「你喜歡的事是什麼？」他似乎並不太確定自己喜歡什麼，沉默了一會兒說：「可以到處旅行，隨心所欲地買自己喜歡的東西。」

賺錢似乎成了當代人普遍的理想，當我們問很多人「你喜歡賺錢嗎」，相信絕大多數人會回答「當然喜歡」。但如果我們啟動關於如何賺錢的話題，例如做生意、存資源、做二級投資、交易房產，相信只有一部分人願意豎起耳朵認真聽；如果我們把週期拉長到一年，再問這些認真聽過的人，就會發現只有更少的人在學習和實踐這些事。

很多人只是喜歡錢帶來的享受，但是對於探索賺錢的方式並不感興趣。真正喜歡賺錢的人，會把賺錢當作生活的主要部分，探索各種賺錢的方式並且堅持下去。他們的注意力大多都放在學習賺

錢、執行賺錢這兩件事情上，即便實現了財務自由，也依然能夠對賺錢這件事情興趣不減，保持各種形式的探索。如果我們對賺錢沒有產生真正的興趣，那麼我們往往不願意思考該如何駕馭財富，更多時候會把注意力投射在金錢可以換來的物質生活上。

所以，**不管我們的理想是什麼，如果它們的存在沒有改變我們對於人生的想法，沒有改變我們做事的輕重緩急，沒有改變我們時間精力的分配，那麼，這些事情恐怕就不能算作理想。**真正的理想是飽含熱愛的，熱愛作為一種性價比最高的能量，深刻地滲透在我們的日常生活之中。

因為成就，所以熱愛VS因為熱愛，所以成就

寧盈是我的一位老友，學業和事業都很順利，在職場打拼十年之後已經做到了大公司的高階主管。她走到這樣的位置來之不易，但她卻跟我說自己進入了迷茫期。我說：「你做到這個職位已經不是一般人能得到的了，就不要太焦慮了。」她說：「我現在感覺非常乏味，類似的工作跳槽了幾次，現在也算是高階主管職位。我常常想，以後怎麼辦，難道我一輩子就這樣了？這種厭倦和焦慮已經持續一年了。最近在家裡休了兩週的假，本來以為能好好放鬆，可孩子也不讓我省心，花大錢給他報的才藝班，每天都要逼著才肯去學。」

「是不是他不喜歡呢？」

「5 歲的孩子哪有什麼喜歡不喜歡？本來我也不認為喜歡是一件很重要的事，小時候我也談不上喜歡學習，但我父母的理念就很好，不是因為喜愛所以付出，而是因為付出所以喜愛。他們逼著我快馬加鞭地努力了一學期之後，我當了第一，後來成績基本上就沒有掉下來過。那種遙遙領先的感覺是非常鼓勵人的，我學習也越來越自覺，所以愛是需要勤奮來培養的。」

某種程度上，父母對孩子的教育模式就是他們世界觀的映射，而父母的世界觀深受自己所經歷的教育模式的影響。我覺得寧盈和她的孩子陷入了同樣的苦惱：該如何堅持一件自己根本不熱愛的事？

因為成就所以熱愛，與因為熱愛所以成就，似乎是個雞生蛋，蛋生雞的問題。很多年來我一直不解這兩件事的差別，直到我遇到多年不見的郝競。

郝競從小就是典型的「別人家的孩子」，兼具聰明與勤奮於一身。而我是興趣導向型的「受害者」，對不喜歡的事情「三天捕魚兩天曬網」，對於喜歡的事情不惜通宵達旦。郝競不一樣，她非常平衡，每門功課都能做到雨露均霑。有一天，我們看到一位音感很好的朋友一展歌喉，於是我羨慕地說：「我唱歌真的沒有天賦，所

以唱不好。」郝競對我說：「我也沒有天賦，但這是努力可以改變的，多練習就可以和他一樣好。」「練習」這兩個字在學校裡每天都會聽到，但那天感覺振聾發聵，一方面我震驚於她的早熟，另一方面我責備於自己的懶惰。

後來很多年我們都沒有見面。

我這種做事情憑藉興趣和天賦的特質讓自己常年在關鍵時刻出錯，因為學校對人的考核是非常標準化的，但我對於事物的喜好是脫離標準化的，這種標準之間的衝突讓我並不擅長應付考試。但郝競不一樣，她上學、升學、求職、婚姻都是穩當的「別人家的孩子」。而我，始終在錯亂的標準中尋找自我。

所以在學校的很多年裡，我給自己的標籤是：不夠努力，沒有意志力，無法成為一個全面優秀的人，不適合應試教育，不適合上學。然而大學畢業後，我竟然來了一個 180 度的大轉彎，工作當中的我完全沒有在學校時那麼墮落，反而成了一個挑剔狂＋工作狂。為了工作忙到晚上九、十點，依然意猶未盡，創業後更是如此。漸漸地我明白，原來我不是意志力低下，而是需要被愛的事點燃。面對自己熱愛的事時，夢裡都在思考；看著自己的想法得以實現，會獲得巨大的正向回饋，深受鼓勵，執行力自然也會迎來前所未有的跨越。

多年後由於出差，我得以再次見到郝競。我以為她會意氣風發，像當年一樣，但是很意外，她已經不太努力了。大學畢業後，她進入了一家非常大的企業，一方面企業裡人浮於事，升遷通道非常狹窄，另一方面靠關係的很多，普通家庭出身的她完全沒有競爭優勢。有一段時間，她也試著爭取過，但總是吃癟。這種沒有具體標準的競爭讓她陷入不曾經歷的痛苦，深深地覺得在這個龐大而臃腫的體系之內，努力沒有什麼意義。於是生了孩子之後，她就徹底把重心放在了孩子身上。

這種改變帶給我的震撼是非常大的，我突然明白了因為愛所以成就與因為成就所以熱愛之間的差異。前者是熱愛驅動，是自發的、純粹的，光是去做就已經夠快樂。這種形式的努力對外在的干擾並不敏感，反而更容易一心一意，專注攻堅，貫穿努力之中的是一種以之為使命的信念感。後者是成就驅動，這種熱愛是帶有功利色彩的，人們熱愛的並不是這件事情本身，而是透過這件事情獲得成就與認同的過程。當透過外部評價驅動的行為失去評價體系的時候，人們會產生強烈的不安全感，就好像機器的行動指令突然失靈，所有的動作都會陷入紊亂當中。

現在看來，寧盈對孩子的態度與她工作的狀態是一致的。她的努力為她帶來了許多，唯獨沒有帶來最純粹的快樂，於是人到中年，開始質疑自己這些年所做之事的意義。也正是因為她的努力為她帶來了許多，所以她認為自己的孩子透過努力也能得到很多，唯獨不

103

需要的，就是最純粹的快樂。我不禁在心中喟嘆優等生們的煩惱：因為足夠聰明，所以能駕馭那些自己根本不熱愛的事，也因為根本不熱愛，等自己的事業進入平台期之後，便會強烈懷疑付出的意義。

熱愛，性價比最高的能量來源

在我們的教育當中，真正熱愛一件事情被放在了很靠後的位置。相信很多人從小都聽過「學海無涯苦作舟」這句話，學習與探索世界本是一件快樂的事情，卻與苦深深掛鉤。學習被當作一件功利的、艱苦的事情，很少有人推崇熱愛對於人精神能量的滋養與行為狀態的驅動。

西方人普遍認為天才是天生的而非塑造的，因此更傾向於讓孩子順應天賦發展，無論老師還是家長，都會鼓勵孩子「Follow your passion」（追隨你的熱愛）。而東方父母更強調勤奮，認為勤奮可以跨越天賦的弱點，甚至成就天才。在這樣的思考角度下，當孩子失敗的時候，父母會認為是孩子不夠努力，而並非轉移視角，幫助孩子尋找真正的熱愛和天賦在哪裡。因此，許多中國小孩都經歷過父母的「比較暴擊」：「你看看別人家的孩子如何如何優秀，你要是不努力，怎麼比得過人家？」這個比較除了忽略了孩子的自尊，也迴避了天賦的差距，父母一廂情願地希望孩子用勤奮彌補自己沒有能力傳承給孩子的基因優勢。

在高強度的努力之下，我們獲得了應試能力的提升，卻掣肘了情緒能力[1]的成長。

耶魯大學一項學生心理健康調查顯示，耶魯大學 45% 的華人學生有憂鬱的症狀，而美國學生的憂鬱比例是 13%。關於中國學生為何焦慮程度普遍偏高，人們認為，部分中國學生將考學作為一種獲取承認的方式，而並非是發自內心的真正熱愛，長期如此，不但會出現心理問題，而且會喪失學習的動力。EIC（城市教育優異計畫）報告也顯示，2013 年只有 75% 的常春藤華裔學生能夠順利畢業，比常春藤平均畢業率低了 20%。

在我們的教育當中，熱愛相對勤勉，總是被放在一個非常次要的位置上。當一個概念被放在一個很不重要的位置上時，人們往往傾向於花更少的精力去思考與嘗試，那麼就更難發現和體會這個概念對自己的價值與意義。因為勤奮有了文化基礎，所以我們很容易被一些看起來很勤奮的誇張概念灌輸焦慮，譬如，有些部落客聲稱自己每天只睡四個小時，工作之外一年還能看幾百本書。這種勤奮程度讓許多年輕人為自己的懶惰而感到羞恥，衝動地買回來一堆自己根本不喜歡也對自己無用的書籍，徒增壓力。這種「勤奮學」比

1　情緒能力：喜怒哀樂是人的正常反應，情緒的適度自然流露，對人的心理健康有著重要的意義。父母的苛求、掌控、高壓、漠視、不尊重，會造成孩子無法正視、管理、釋放自己的情緒。負面情緒的長期堆積，會對人的身心健康造成多方面的不利影響。

「成功學」更可怕，用勤奮佔據道德高地，源源不斷地製造焦慮，讓人們忽略個體的實際需要，而試圖用勤奮解決一切。**如果我們不問天賦、不問熱情地咬著牙，長期做一些根本不適合自己的事情，無異於肉靈互搏的精神摧殘。勤奮是個好東西，但是脫離了真正的熱愛，那麼它既不恆久，也不快樂，只會讓我們如同一隻空轉的陀螺。**

我們在聽到成功者的勤奮經驗時，不應僅限於勤奮這一種特質。成功者總勤奮來總結自己的成就，因為相比天賦、機會以及資源的推動，勤奮更像一種富有親和力且毫無門檻的優勢。當成功者出於善意將自己的成就只歸於勤奮時，會讓聽眾更加平和地接受自己與成功者的差距。成功者很難真誠地告訴別人，自己在這件事情上是多麼有熱情與天賦。他們有一個高性價比的能量「外掛」，在順境時是養料，在逆境時是明燈，這必然讓他們比絕大多數人有更大的概率脫穎而出。

人始終受制於自己的精神世界，我們只能在自己精神資源的上限之下奮鬥。因此，隨意過一生與在自己的愛之中過一生，注定是兩種完全不同的人生。與 18 歲時毫無準備地撲向世界不同，人到中年之時，應是厚積薄發的時刻。30 歲以後的我們，年富力強，不再受制於父母，不再受制於學校，無須在學歷上掙扎，已經經歷過艱難磨練，積累了相應的社會資源，內心世界也被磨礪得從容不迫，更應當找到真正屬於自己的熱愛，源源不絕地釋放後勁。

04

立足外部需求，吃透紅利

影響長期收入的三個要素

觀察下面這張圖，看看你的職業落在哪個象限？

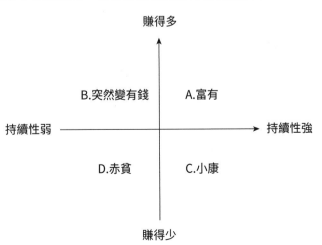

在下面這張圖中，判斷哪一條是你的職場收入曲線？

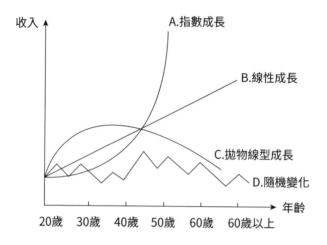

當然，所有人都希望自己是 A 象限、A 曲線，但大多數人都是 B 象限、B 曲線，或 C 象限、C 曲線。為什麼會發生這種情況呢？我們可以對照自己的職業問自己三個問題：

我的個人優勢相對市場需求是否處在稀缺位置？
我所處的行業目前在該產業週期的哪個發展階段？
我的職業收入隨著年齡增長是否具備正向可持續性？

如果你的答案是稀缺、早期、可持續，那麼恭喜你，你未來有很大的機率變「土豪」。如果你的答案是不稀缺、晚期、不可持續，也許你應該考慮換一份更有前途的工作了。那麼稀缺性、週期性、持續性到底會如何影響我們的職場發展呢？

優勢的稀缺性

身為人才，市場上有多少人和你所持有的能力、資源相近？

上大學的時候，我在一家中型企業的市場行銷部門做實習生，常常會接觸到晴宇，這家公司的 CMO。我認識她的時候，她已經懷孕了，不過每天還是雷厲風行，絲毫不耽誤效率。有一次加班很晚了，我在座位上吃外賣，發現她也在，於是就過去跟她打招呼，她示意我坐下一起聊聊天。在報告完最近的工作情況後，我出於好奇問她：「您是什麼時候來的公司啊？」

她笑了笑說：「兩個月前啊。」

聽到這個，我是非常意外的。因為看得出老闆對她格外器重，像是共事了很久的樣子，更重要的是，她是孕期入職。

「我以為您來了很久了呢，那您是孕期換的工作？」

「是啊，是不是膽子很大？」

「確實，之前聽說女性婚育會被職場歧視。」

她笑了笑說：「我們老總啊，挖了我一年多了，剛開始我沒有

答應，因為我那邊還有個很重大的項目在忙。後來項目忙完了，我竟然懷孕了。他後來又來找我聊，我就如實告訴了他這件事。他竟然說沒關係，他願意為我多付出成本，開玩笑說現在不挖以後就挖不著了，還讓他夫人給我安排了一家月子中心。」

「喔……」我低下頭繼續扒飯，心想，人才得到的待遇就是不一樣啊。後來在共事中，晴宇的能力確實讓我佩服得五體投地。除了能做好市場方面的工作的部分，她對供應鏈也很了解，募資能力也很強，絕對是公司的二號人物。體力方面也讓我這個年輕人自嘆弗如，她產前一週還在工作，月子中遠程指揮工作，後來去全國各地出差，放心不下孩子，竟然帶著孩子和保姆一起出差。能找到這麼厲害的人，每個老闆都會偷笑吧。

女性在育齡階段被職場歧視是普遍的社會現象。許多企業認為女性在這個階段會因為生育而影響其在工作當中的生產力，所以儘管有法律約束，但是在很多看不見的環節，育齡女性的職業發展依然遭遇掣肘。但晴宇給尚未正式步入職場的我，上了職場中很重要的一課，那就是你到底有多大的稀缺性？

後來我離開公司時，特別傳簡訊跟晴宇表達我對她的欽佩與感謝，告訴她我想成為她那樣的人。她回我說：「如果你想拼事業，就要知道現實的冷峻和殘酷，它不會因為你是女性而給你更多的照顧，同樣也不會給一個男性弱者更多的機會。你所能駕馭的資源越

多，你的不可替代性就越強，只有你不可替代時，才有挑揀機會的
權利。」

她這段話對我影響很深，很多年來在任何崗位上，我都秉承一
個原則，那就是「人無我有，人有我優」。我始終希望能夠為自己
創造足夠的稀缺性。

那麼到底什麼是稀缺性呢？我們先來看看下面幾種職業的收入
（以一線城市相對普遍的標準為例）：

一位流水線作業員，月收入 5000 元；
一位新媒體營運，月收入 15000 元；
一位市場總監，月收入 30000 元；
一位小公司老闆，月收入 100000 元。

我們會看到不同的職業之間，收入有非常大的差距。因為每個
領域需要不同的進入門檻、從業經驗、資產規模、能力架構、所轄
資源⋯⋯當一個人能滿足的指標在其所奮鬥的領域具備足夠的稀缺
性，那麼他就有更大的機率獲得更多的經濟收益。譬如，任何一個
心智正常的健康成年人都可以擔當流水線作業員，這個門檻最低；
具備一定的文字創作能力才能做新媒體營運，文字能力需要從業者
在過往的教育和工作當中有一定的歷練；具備三到五年的市場活動
經驗才能做市場總監，這個職位的門檻是對市場工作有成熟的實操

經驗；具備一定的資源與抗風險能力才能擔任公司的老闆，所以作為老闆自然能拿公司利潤的大頭。不同的職業表面上是收入的差異，背後是人們潛在的價值和創造力之間的差異。

某知名女網紅多年前曾在網上說：「聰明女人裡我最漂亮，漂亮女人裡我最聰明。」

這句話的意思是，自己在關於女性的兩個評價體系當中同時創造了稀缺性，那麼自己就是稀缺中的稀缺。因為這句話，一時間更多人知道她了。婚戀的競爭、職業的競爭、公司的競爭，都是個體價值稀缺性的競爭。不過，在不同的競賽賽場中，因為目標客群和競爭對手不同，所以標準也是完全不同的。就好像一個人在職場上非常有競爭力，卻不一定在婚戀市場上非常有競爭力，不一定在創業者當中非常有競爭力。一旦環境發生遷移，應對新環境的指標也一定會發生變化，我們必須做出適度的調整，用新的稀缺性來應對新環境。只有擁有稀缺性優勢，才能得到稀缺性待遇。

例如「微信之父」張小龍，早上總是無法準時起床上班，騰訊開例會時他總是以起不來為藉口不去。馬化騰想讓自己的秘書叫他起床，張小龍又以路上太塞，趕不上為由拒絕了。於是馬化騰每週都派車來接張小龍開例會，張小龍只好半推半就地接受了開例會的規定。如果是普通員工，無法正常上班，按時開例會，恐怕人資主管早就跟他約談勸退了。但是張小龍在自己的習慣上有很大的自由

度，因為馬化騰知道，產品「大咖」有很多，張小龍只有一個。如果自己不能唯才是舉，那麼他想對產品做的許多策略性推動，就不會有更適合的人實施。

這種情況不只是在騰訊才有。當一個人所具備的稀缺性在行業內比較明顯的時候，會在行業內具備更高的薪資標準；在極度明顯時，很多求賢若渴的機構會對他做出超越常規的讓步。這也是「越強大，越自由」的本質。

產業的週期性

市場對於某一類人才的需求處於發展的早期、中期還是晚期？

在過去的一百年當中，許多曾經流行的職業逐漸悄無聲息地走向了滅絕，譬如，打字員、鋼筆維修師、抄寫員、流動照相員等。在二十世紀八九十年代，計程車司機還屬於一個高薪職業，但是現在，公共交通、駕駛技術和私家車全面普及，計程車司機的收入也降到了比較低的水平。一個行業可以長紅，自然是最好的，如果它的發展週期是清晰可見的，那麼我們加入的時機最好是早期和中期。如果是早期，雖然冒著一定的風險，但是也有較大的機率成為行業紅利的受益者；如果是中期，雖然收益較早，但是風險也小，收穫的是一個規範的從業環境；如果耗到晚期，就不得不面臨行業從業者的大量流失，自己也會成為行業衰退的犧牲品。

出於工作原因，我接觸的同儕有區塊鏈圈的、網路圈的和 PC 硬體圈的。三類人基本上都是在 2011 年之後進入自己的圈子的。進入區塊鏈圈比較早的，往往在很早期就看過中本聰的白皮書，受其影響獲益很多。網路圈的人經歷了網路創業的爆炸式發展，薪水一度跟隨市場膨脹得很快，明顯與同齡人拉開了差距。但是大多數人因為進入時間還不夠早，所以往往以打工者的身份跟著浪潮前進，這些人當中只有少數能夠跟著公司上市的人獲得了上市紅利。PC 硬體圈裡大家基本上都是按部就班地工作，不像網路圈一樣「996 工作制」，飽受身心壓榨，但對於薪水也沒有非常激進的期待。進入 2020 年，他們的資產排序狀況為（含房產）：區塊鏈圈（幾千萬至上億）＞網路圈（幾百萬至上千萬）＞ PC 硬體圈（數百萬）。

除了財富收益上的差距，行業的特質也會給人帶來深刻的影響，就像原生家庭對個人的影響一樣。如果一個人從事一個行業五年以上，自身的意識形態就會有明顯的行業風格烙印，而且這種烙印在比較長的時間裡都難以抹去。

如果你進入的是一個發展週期處於相對早期的行業，經歷著行業的快速發展，就像坐在快艇上一樣，風馳電掣的感覺會讓你對於世界的認知和自身的前途抱有更激進、樂觀的態度，你會很自然地認為未來是可以期待的，目標是可以實現的，賺錢是可以很快的，自己的努力是必定有收穫的。就好比之前的網路創業潮一樣，程式設計師和產品經理非常搶手，有一定資歷的人很容易透過跳槽獲得

114

薪水翻倍和職級上升的機會。在這種行業推著人走的狀態下，整個行業的從業人員都會對自己的未來有比較樂觀的認知。

如果你進入一個行業之前沒有進行慎重的考量，導致自己進入了一個衰退或停滯不前的行業，那麼你對於激進、發展、樂觀、創造、顛覆這些概念就會很陌生。因為你目之所及的一切都是緩慢運作甚至衰退的，你很難超越自身賴以生存的環境來思考自己的發展。在這種環境下，所有人對自己未來的判斷更傾向保守、悲觀。由於行業一年不如一年，大家必須在不斷縮小的碗裡分得自己的一杯羹，各種形式的鬥爭會趨於白熱化、內捲化。因為人之本性是保障生存，當生存資料有限的時候，各式各樣的生存手段自然會大行其道。

所以，在進入一個行業之前，不妨先看看這個行業過去十年的成長數據，以及一些可靠的預測性觀點。如果該行業是未來的大勢所趨，或始終具有強勁的增長速度，也許你應該毫不猶豫地跳上這艘「火箭」。

價值的可持續性

隨著從業時間的推移，你在這個市場的價值是增加的還是減少的？

（1）職業發展的可持續性

有些職業一開始很完美，但是它能帶給人的紅利是非常有限的，等到這個人過了青壯年，紅利就瀕臨消失。有些職業一開始略微艱難，但是隨著時間的推移，紅利會逐漸顯現，甚至迎來明顯的向上轉捩點。這是我們選擇職業時必須考慮的問題。

我曾陪朋友參加某外資保險公司的招募活動。我發現來參加招募活動的人，年齡普遍在 35 歲左右，與早年保險業從業者學歷不高的情況相反，參加保險業務員徵才的人大多具有本科、碩士研究生甚至博士研究生學歷。而且透過交流，我發現他們很多人在自己過往的工作履歷中，都具備中階管理者的經驗。既然已經有了富有競爭力的教育背景和光鮮的職場履歷，為什麼還要選擇中途折返，切換到一個全新的行業，從零開始呢？

每個城市略有不同。在北京，很多人 35 歲就開始談中年危機了，因為在北京的外商和私人企業裡，35 歲左右是一個比較明顯的轉折期。對於家庭而言，上有老下有小，勢必需要更充裕的經濟收入，但是 35 ～ 40 歲之間的人，並不像 25 ～ 30 歲之間的人，薪資能夠達到很高的成長速率。從職業選擇的機會上而言，中層以下的崗位更青睞 30 歲以下的人才，而高層的機會又非常稀少，「金字塔」中間的人會處於一個無法上去也不能下來的夾心狀態。有些人選擇了等待，或透過跳槽來尋求升職加薪。還有一些人開始考慮自己的後半生，如果頻繁跳槽，到最後勢必跳無可跳；如果持續等待，即

便升上去了，40 歲之後可以擁有的選擇也會變得更少。考慮到保險業可以後半輩子一直做下去，同時又能實現這些年人脈的變現，所以很多人在十字路口調轉車頭，選擇加入保險公司，啟動自己在保險公司體制下的創業。

這是人到中年的一種選擇，也反映了每個職業的可持續性是不同的。我們在醫院裡、學校裡經常能夠看到一頭銀髮但精神矍鑠的學者、專家，但是很難在廣告、媒體公司看到 40 歲以上的員工。我在網路公司任職時，整個公司的平均年齡竟然只有 25 歲，26 歲的我已然是大齡員工了。醫學與學術經驗是一個不斷積累，從量變到質變的過程，人們往往認為年齡較大的大夫經驗更豐富，更具有解決疑難雜症的能力，而學者類似，我們熟悉的屠呦呦女士獲得諾貝爾獎時已經 85 歲了，這個年紀聽起來就很勵志。但廣告、媒體、網路公司，需要做的是緊跟市場變化，在競爭和高壓中創造成果，「996 工作制」是常態。隨著年齡的增長，有些人會在生理上無法應付巨大的工作壓力；有些人會對新事物的熱情和敏感度降低；有些人會選擇自己創業。那些無法自立門戶又不能接受工作壓力的人，往往就會站在人生選擇與家庭壓力的夾層之中。

職業的薪資與體面自然重要，但是持續性會在我們的後半生發揮越來越重要的作用。如果自身的職業不具有持續性，自己又不能另闢蹊徑開拓沃土，那麼很可能在我們最年富力強的時候已經是此生的高光時刻了，等到四五十歲有更豐富的社會經驗和更旺盛的經

濟訴求時，這些職業卻不再需要我們了。大家都希望人生的高光時刻來得越早越好，沒有多少人願意忍耐幾十年的孤獨打磨，等待中老年時才發光發熱。但從人生幸福度而言，倒吃甘蔗———越往後越甜，才是更好。我們去日本、韓國、美國，都會看到很多高齡的服務業從業者，不少人在年輕的時候曾有過體面的工作與生活，但是老了之後，在個人生產力最低下的階段，不得不從事極為消耗體力與尊嚴的工作，這是非常艱難的挑戰。無論生活品質、經濟收入、個人尊嚴，還是社會地位，都是入奢容易入儉難，如果人到中年才發現曾經引以為傲的一切不可持續，那種衰頹的無力感比年輕時的困窘更令人痛苦。

（2）及早對沖職業發展的不可持續性

我和兩個好友，是前後腳大學畢業。曉彬進了網路公司當程式設計師，小涵進了外商。都是普通家庭，白手起家，8 年時間，曉彬已經有了 7 套房產，小涵依然和大學畢業第一年一樣，消費至上，每月還有刷卡費用。在我們剛畢業的年代，還沒有什麼人能夠意識到中年危機的存在，所以包括我自己，都秉承「今朝有酒今朝醉的」生活。

小涵每年會固定規劃兩次橫跨半個地球的旅行，住宿一定要住高級酒店，租房一定要在市中心，吃穿用度以大牌和奢侈品為主，工作三年貸款讀了 MBA，持續為自己的職場加值。

　　曉彬是個男生，家境較小涵差一些。畢業時他立志要留在一線城市，在一線城市當中他選擇了定居不那麼艱難的深圳。工作兩年後，他為自己做了一個定位：①寫代碼不錯，但是做不到頂級權威；②程序員職業生命週期有限，要想好後路；③40歲後成為多品種資產的職業投資者。此後的6年裡，他成了一個職業房地產投資者，所有的業餘時間都用來研究房產和槓桿投資，除了日常吃喝，帳戶上的每一分錢都用來投資。30歲時，他收穫了一線城市2套房，二線城市5套房，其中大部分房子都實現了以租養貸，40歲退休的計劃指日可待。

　　然而小涵卻在這幾年迎來了事業的「滑鐵盧」，她所在的機構撤銷了在華辦事處，她被迫開始找工作。不幸的是2019年求職環境非常惡劣，尋找半年之後，她終於以降薪的方式進入了民營企業。

　　人無遠慮，必有近憂。曉彬和小涵的奮鬥歷程就是兩種生存模式，前者認識到了自身職業的局限性，提前尋找方式對沖；後者低估了一線城市的殘酷性，並沒有為未來的可持續發展做準備。前者是資產累積型，自身的經驗和收益都具備持續性；後者是時間售賣型，每個月更像一手交錢一手交貨，收到的是很快就花完的工資，交出的是再也不復回的青春。曉彬過去形成的經驗模型會越來越完善，在未來發揮更大的作用，而小涵如果沒有在開源節流的能力上有大的提升，則不得不面對寅吃卯糧的問題。

現在打開網站和個人平台，到處都在說副業是剛性需求的問題，但是讓你多買一包煙，多買一身衣服的副業算不上真正的副業，只能叫賺點零用錢。能夠持續發展，對沖職場風險，甚至有一天替代職場收入的副業，才值得我們認真建構經營。

（3）不同的職業模式對思維方式的影響

資產累積型與時間販賣型兩種生存模式，不僅能為我們帶來不同的收益成長，也會讓我們的思維與行為模式在潛移默化中改變。以父母這個角色為例，自己經營企業的父母，焦慮感往往要遠低於為企業打工的父母。因為前者是資產累積型，常年的生存關鍵字是「掌控」。這使得他們對於人生有更長遠的規劃，隨著企業業務量的增加，他們往往更有實力做更豐富的資產配置。培養子女時也是朝著接班人的方向言傳身教，讓孩子成為更好的領導者、資源駕馭者、規則制訂者，而不是成為其他標準的無條件服從者。在企業工作的父母則不得不面臨相反的境遇，自己的 40 年始終圍繞著「被認可」奮鬥。被認可的前提是滿足他人所設立的標準，在學校滿足老師，在公司滿足老闆，致力於把自己打磨成他人標準下的佼佼者。同時自己的職業資源只是他人所構體系的組成部分，自己因體系得來的社會地位無法傳承，所以孩子必然會和自己一樣，進入統一的社會評價體系，從學校輸送至社會，被組織機構選拔，然後根據組織機構的篩選邏輯一層層往上爬，重複自己曾經的奮鬥路徑。這是一環又一環的連續篩選機制，每個環節都不能拖後腿，因此父母的心理壓力必然持續處於高位。

資產累積型父母傳承給孩子的是資產累積的生存模式以及可繼續累積的資產，時間售賣型父母傳承給孩子的是如何更高效率、更高品質地售賣時間。

因此，我們在考慮一個職業的時候，需要考慮這個職業帶給我們的利益是否是可持續的。這個收益包括收入以及在市場上的可兌現能力、經驗與社會資源，它們是否會因為我們的年齡增長而過早衰減。如果人到中年，收益的衰減不可避免，我們就需要考慮一下，如何增強自己的抗風險能力，能夠讓自己的後半生延續前半生的積極增長。

這個方式必須是累積型的，這樣才能隨著經驗和時間的推移令自己持續受益。例如曉彬，建構了自己的投資模型，為自己儲備了足夠的投資經驗與資金池；習得一門每年都會正向精進的手藝，從兼職做起，直到它成為創造主要現金流的主業；例如啟動一項生意，一開始不必期待很大，先以小賺為主要目標，漸漸托起夢想；比如整合某個領域的資源，隨著時間的推移，成為這個領域資源的領導者。這些嘗試並非難度高到無法啟動，但是需要持續的實踐與時間，一旦探索出適合自己的模式，形成經驗的規模複製，那麼年復一年的收益增長便指日可待。

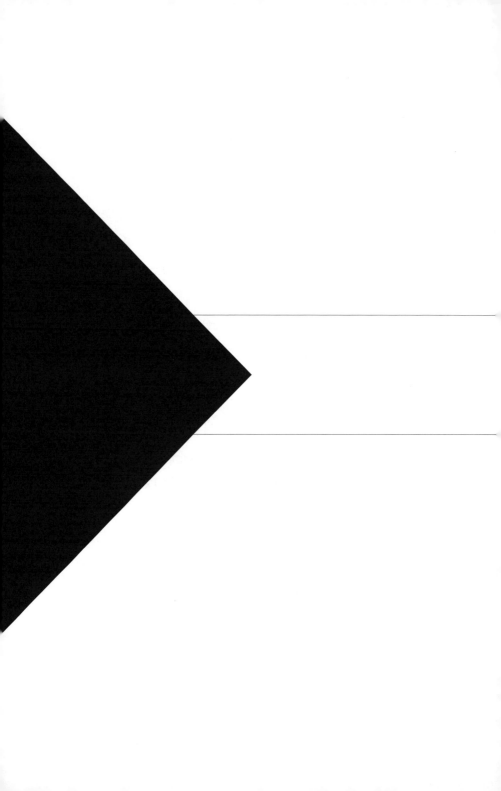

04

第四章

用極簡的標準自我管理

01

注意力，自我管理的唯一指標

女性的事業後勁為何所限？

曾與一位女企業家交流過一個老生常談的話題：在大學校園裡，男女學霸往往各佔半邊天，但是進入社會之後，為什麼有些女性在事業上的後勁不如男性？除了一些眾所周知的原因，她提到了一個很少有人注意的事情，那就是男女的注意力差距。

她認為在工作中，男性的狩獵型思維往往較女性更為明顯，面對任務的目標導向性更加明確，他們花費更少的時間和情緒在與目標無關的細枝末節上，有時甚至顯得無情。而女性較具備採集型思維，好處是多線程工作能力相較男性更強，但是在工作中比較容易

把注意力糾纏在情緒內耗與細枝末節上面，讓自己在爭取機遇的時候不夠果斷。

從注意力分配的角度來說，女性的注意力更容易被各種生活細節所耗散。日常生活中女性比較愛美，早上化妝一小時，晚上護理一小時，閒暇自拍一小時，週末逛街逛一天，再加上美容美甲等體膚護理，經年累月，在一些很「女性向」的事物上花了大量的時間，那麼花在思考和工作當中的精力無形就被擠佔了。但對於男性而言，此類的享受較少，即便是一些娛樂性質的活動，也往往在其中摻雜了不少事業合作的因素。所以，在注意力的分配結構上，男性要比女性更單一，也更容易聚焦。

除此之外，從生理的角度來說，男女在工作中可以拿出來的注意力往往也有一定的差距。男性的平均體能較強，在熬夜、高負荷運轉上精力更加充沛；女性不僅在體能上較弱，而且一旦婚育之後，需要被迫承擔比男性更多的家庭責任，為孩子的事情牽腸掛肚，導致在事業上分配的注意力不夠多。

這其中反覆提到的一個概念，就是「注意力」，以及衡量注意力差距的兩個重要標準，質與量。如果女性既想要漂亮時尚，又想要快速成長，還想要兒女繞膝，又不放過事業發達，那麼必然伴隨著極高強度的自我壓榨。從我認識的不少女 CEO 的睡眠時間來看，確實如此，有的人甚至每天只睡 4 個小時，剩下的 20 個小時一點

也不敢耽誤，爭分奪秒如打仗一般。

注意力資源四象限

在過去關於個人管理的概念中，我們常常提到時間管理，但是極少有人提出注意力管理。這兩種管理的差異到底在何處呢？

所謂時間管理，是讓我們透過既定的計劃與方法高效利用時間，從而實現既定任務的過程。

而注意力管理，則是讓我們活在當下，把自身精力高度聚焦在此刻最重要的事情當中。

時間管理本質上是在既定時間段內，呼叫注意力完成任務的過程。時間只是事情過程長短和發生順序的測量，是一個參數，我們無法人為將它拉伸或壓縮。因此，這個過程中我們管理的不是時間，而是自己的注意力。注意力是拋向外在世界的「錨」，讓我們將自己的精力停留在某些具體的事情當中，從而與之互相影響。

即時的注意力調動會激發我們新的情緒與想法。例如：

從機場回家的路上突然發現行李箱忘記了，於是開始擔心裡面的物品會不會遺失；

看電視時突然聽到雷聲，看著外面風雲驟變開始下雨，心想今天又不能出門了；

工作沒完成，心情很鬱悶，突然收到簡訊顯示獎金入帳了，瞬間變得開心起來。

長期的注意力調動會創造一些實際的進步與成就。例如：

長期研究投資理財，今年的投資收益終於達到 20% 了；

長期鑽研某個學科，今年終於在國際上發表了一篇有影響力的論文；

長期把注意力放在事物的正面，發現自己的幸福感越來越強了。

注意力是我們與外在世界之間的管道，讓我們感知世界、改造世界，也被外在世界所改造。

那麼如何使用注意力，才能讓我們與外在世界的互動價值最大化呢？

我們可以簡單地以兩個指標來衡量注意力的使用情況，一個指標是事情與自己的相關性，另一個指標則是事情對自己的價值。

第一象限：把注意力放在與自己相關性強且價值高的事情上面

例如，執行工作中的重要目標，提升工作中的必備技能，搞定合作中的「大咖」人物，思考一個全新的創業計畫。當我們把注意力放在第一象限時，會很顯著地給我們帶來能力與潛在利益的巨大提升。

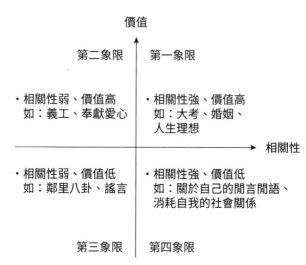

第二象限：把注意力放在與自己相關性弱但價值高的事情上面

例如，研究外太空最新的探索成果，聆聽美妙的音樂，到社會福利機構做義工，在網路上呼籲群眾為災區捐獻物資。當我們把注意力放在第二象限時，雖然帶給我們的功利化利益較少，但是精神世界的滿足較大。

第三象限：把注意力放在與自己相關性弱且價值低的事情上面

例如，討論同事的私生活，在大街上圍觀吵架，聽信和傳播一些謠言，刷社交網絡羨慕別人的光鮮生活。當我們把注意力放在第三象限時，不只無法為自己和社會帶來正面價值，還有可能產生負面影響。

第四象限：把注意力放在與自己相關性強但價值低的事情上面

例如，關注別人對自己的閒言碎語，與不適合的人在戀愛中糾纏，陷入對未來的幻想卻不能付諸行動。當我們把注意力放在第四象限時，我們會被負面因素所掣肘，而且這些因素往往帶來心理層面的干擾，讓我們無法精力充沛地活在當下，無法把注意力聚焦在那些有價值且與自己相關性強的事情上。

所以，我們在做注意力管理時，應將當天的注意力分配情況進行分類，看看自己在這四個像限分別花了多久的時間。理想的情況是，把絕大部分的注意力放在第一象限，少部分放在第二象限，同時盡可能少地被第三、第四象限的事情所干擾。因為每天 24 小時，我們的注意力是極為有限的稀缺資源，在不必要的位置放置太多，就意味著在必要的位置不夠充沛。

注意力就像是一種以時間為單位的資產，影響總資產價值的，在於它用多少時間錨定了什麼樣的事情。

單位注意力 × 價值係數 × 時間總量 = 注意力總價值

每個人每天都擁有 24 小時，這是世界上很少的公平配給，但是並不是每個人每天都能擁有 8 小時以上的高品質注意力。有的人將注意力放在高價值係數的事情上，從而讓時間發揮了巨大的價值；有的人將注意力耗散在低價值係數的事情上，讓時間這種免費的、公平的資源，無法充分發揮價值。

貧富差距中的隱形資產：注意力資源

人們常常會認為階層與階層之間的差距體現在資產與社會地位上，卻很少關注到，不同階層注意力資源的差距讓現有的差距有了持續拉大的可能。

例如，很多企業家常年保證了大量的高品質注意力資源。日常生活中，他們有秘書、保姆、司機等基礎的人事配備，為他們代勞那些低價值的小事，讓他們能夠將所有的精力放在高價值的事情上面。由於降低了不必要的時間及精力耗散，加之對事業的主觀能動性很強，他們可以做到睡眠時間比基層員工更短，工作時間比基層員工更長。雖然是連續工作，但是工作內容的品質始終很高，注意力可以全部落在對企業的戰略發展思考上，例如會見各式優秀夥伴，針對性地以實踐為目的學習……這個過程不僅是為企業創造價值，也是持續性的自我訓練——用高強度、高品質的工作訓練高品

質的能力。

而基層員工每天只工作 8 小時，層級所限，這 8 小時的工作往往是重複性的，每日區別不大，甚至每年的差距都並不明顯，而且工作之外還必須花時間對大量的生活瑣事親力親為，更加壓縮了自己能夠用於價值創造的注意力資源。前者每天能夠用 16 小時專注於高品質回報的工作，而後者每天用不足 8 小時的時間專注於低品質回報的工作，那麼隨著時間的推移，很自然地，強者愈強，人們之間的思維認知、社會地位與個人財富差距也會持續拉大。

注意力資源的差距在下一代的培養當中也非常明顯。很多企業家在他們的子女接班之前，都會有一個優質資源的密集培養過程。除了優質的教育資源，他們也會讓子女先在社會上針對性地歷練，然後進入家族企業的業務中，當子女把業務摸透之後，又會派遣至總裁辦公室等戰略性崗位。在培養的過程中結合動靜之勢，動是在業務崗打天下、做執行、帶團隊，而靜是在戰略崗充分思考，建構深邃的思維。這些鍛鍊都是稀缺的，量身訂製的高品質挑戰。在整個培養過程中，被培養者的注意力都被放在非常有價值的事情當中，輔以上一輩的言傳身教，全身心地沉浸其中。雖然最終結果未必能趕上父輩，但也能在飛速的個人成長中具備傳承衣缽的能力。

相較於企業家的子女，做底層工作的普通孩子就不那麼幸運了。即便在基層混跡多年，他們的思維深度依然很淺，其實並不是

他們不思考，而是每天把精力放在無數漫無目的的想法，簡單重複的工作和不得不應對的家務事上面，不經意間輕易耗盡了所有精力。冷靜專注的深度思考必然需要大量精力上、時間上甚至空間上的自由，這些恰恰是他們很難具備的，光是合租公寓中的鄰里矛盾與吃了上頓沒下頓的焦慮感，就足以讓人疲憊不堪。因此，他們的淺層思考與深層思考在爭奪注意力的時候發生了非常激烈的競爭，在這場競爭中，寶貴的注意力不得不放在如何解決那些看似生存攸關，但對個人成長和累積財富根本不發揮作用的事情上面。長年下來，他們既沒有機會了解做什麼事情才能讓自己的命運發生改變，也沒有機會鍛鍊自己解決那些複雜而重要問題的能力，只能被困在低價值的注意力資源當中求生存。**命運並非無法改變，但是環境的惡劣會讓人只能透過認命的方式緩釋奮鬥無門的焦慮感。**

像打理個人資產一樣打理自己的注意力資源

有人將思維的短視與遠視定義為窮人思維與富人思維，其實這本質上就是一種注意力資源的分配。有的人把注意力放在增長上，有的人把注意力放在生存上，兩者的價值係數有很大差距，最終，聚焦增長的人真的可以做到增長，聚焦生存的人只能做到生存。兩種人長期生活在完全不同的思維模型中，應更好地適配自身的環境，在環境的限制之下，自己的思維模型之中，盡其所能尋求最優化。持續貧窮的根源在於注意力資源的持續貧窮，甚至可以說從未聚焦過注意力在一些真正創造財富的事情上，以至於個人注意力資

產的品質極低，無法用於創造財富。

　　有句話叫作「你不理財，財不理你」。也就是說，如果你不考慮和執行與理財相關的事情，財富也就與你無緣。這個道理放在注意力管理上也是非常合理的，如果我們不能將自己的注意力放在那些真正產出價值的事情上面，那麼真正的價值就會與我們無緣。當我們沒有充足的啟動資源，沒有成熟的人脈，沒有家族的支持，那麼我們唯一的資產就是自己的注意力，唯有長期地、大量地將自己的注意力灌注在那些與自己相關性強且價值高的事情上面，才有可能比初始條件較好的人更具效率優勢：更容易在自己所從事的領域拔尖，更容易找到自己的競爭優勢，更容易形成個人資源的護城河，從而在複利成長的路上迎來轉捩點。如果無法意識到這個道理，反其道而行之，那麼就注定只能在低效能奮鬥中求生存。

02

自我覺知，注意力管理的核心能力

我們的注意力：情緒主導vs理性主導

場景一

晚上吃完飯心滿意足，於是躺在沙發上開始刷短影片，搞笑的、感動的、醍醐灌頂的、不知所云的，一個接一個從眼前劃過，不知不覺中感到眼睛發痠，一陣睏意襲來，越刷越沒勁。算了，睡覺吧，看了眼時間，發現居然十一點了，開始刷的時候明明才八點多啊。時間真是快，兩三個小時不知道怎麼搞的，這麼快就打發了。

場景二

下午開會可真煩啊，明明這兩個月市場情況不怎麼樣，老闆非

要針對我的業績批評，其他人也是半斤八兩啊，憑什麼就拿我開刀？心裡煩悶地嘀咕著，腦子裡又浮現出那幫人幸災樂禍的表情，坐在座位上被鬱悶籠罩著，各種瑣碎鬧心的細節湧上心頭，越想越煩躁，真是想辭職算了。突然背後被人拍了一下，一轉頭原來是同事要下班了：「我下班先走啦！」啊……下班了？我剛坐在這裡的時候才三點啊，這麼快…

場景三

今天是交往紀念日，本來想去海邊那間期待已久的餐廳，但男朋友真是「豬隊友」，居然忘得乾乾淨淨，還去外地出差。本來美好的夜晚徹底泡了湯，抱著電話罵了一通還是覺得不解氣，心裡又浮現出他近期不稱職的種種表現，更生氣了，正想打電話再吵一通解氣，一看錶發現已經十點多了，帶回家的工作還沒完成。怎麼時間過得這麼快啊，心情簡直到了崩潰的邊緣。

相信很多人都有過類似的體驗，當我們陷入一些強烈的情緒時，時間似乎被偷走了，感覺自己也沒做什麼事情，好幾個小時不知不覺就消失殆盡了。但相反的，在另外一些場景下，我們對時間的感知非常敏感，我們所做的事情與時間有一種極為緊密的聯繫，任務完成的瞬間，一種更加充沛的情緒得到了釋放。

場景四

期末考時，從拿到考卷的那一刻起，我們的注意力開始高度集

中。這個過程中每分鐘都非常飽滿，時間會伴隨著我們答題的進度向前推移，等到考試結束，我們會感到過了很充實的一個多小時。

場景五

我們跑步時，為了達到想要的配速，會根據時間調動自己的肌肉，有節奏地向前奔跑。這個過程中時間會非常明確地伴隨著我們的行動，直到我們完成自己的目標距離。

場景六

我們為客戶趕方案時，會在僅有的幾個小時內分秒必爭，盡一切可能完成任務。在任務完成的那一刻，會覺得前面的幾個小時度過得十分充實。

前三個場景中的主角沒有理性的目的，一些外在環境的變化，為自身帶來了內在情緒的變化。在後三個場景中，主角的目的非常明顯，會透過調整自身的行為來匹配自身的意志與外在環境。

前三個場景中的事情沒有邊界，它們像潮水一般湧入我們的注意力，如果我們沒有明確的意識控制自己，就需要等到情緒徹底退潮才能讓自己更好地進入下一個任務狀態。後三個場景中的事情有明顯的邊界，這個邊界體現在任務的品質標準、時間標準上，主角需要調動所有的意志來滿足標準，一旦標準完整達到，任務才算進入尾聲。

前三個場景是情緒主導，情緒帶來的快樂與悲傷，讓我們的理性思考暫時停擺，讓自己的注意力不自覺地進入一種分散的情緒當中。後三個場景是理性主導，理性帶來的主動意志非常明確地調動著我們的行為，讓我們的行為進入一種秩序化的狀態當中。

這兩類場景是我們的日常生活中常出現的。**我們每個人體內似乎都有兩個小人兒，一個叫做情緒，愚蠢而強大；一個叫做理性，聰明卻懦弱。**我們常常會發現，理性小人兒剛發表意見讓我們做點正事，情緒小人兒就按捺不住寂寞，悄悄現身，神不知鬼不覺地與我們肆意糾纏，以至於我們將原本要做的事情忘得一乾二淨。

情緒是如何榨取我們的注意力的

笛卡兒曾說「我思故我在」，我們透過感知此刻的思考才確認自己當下的存在。因此，只要我們活著，精神世界就在不停運轉。同時，我們的情緒也在我們的精神世界中不停流轉，兩者是高度混雜的。我們常常把兩者的「混合」稱為自己的想法，所以我們很難覺察情緒波動給自己帶來的巨大影響。

有時情緒擾動的源頭來自外部。例如，本來想安靜看一會兒書，卻突然聽到朋友在刷影片，好奇心使然跑去湊熱鬧，發現影片真的很有意思，就一起刷了起來。刷完影片再打開書，感覺文字變得索然無味。算了，明天再說，再刷一會兒劇吧。

有時情緒擾動的源頭來自大腦內部。例如，本想在家做一會兒冥想，結果閉上眼睛時各種事情湧入腦海，有的是工作中的麻煩，有的是想要聯繫的朋友，有的又是昨天看的電影。雖然很想放空思想給大腦一個休息的空間，但是無論如何自控，注意力都像坐了極速飛車，在漫無邊界的腦海裡肆意狂飆。

　　我們那些理性的、抱有目的的注意力往往會被那些情緒化的、毫無目的事情所稀釋，直到稀薄到無法堅持原有的任務，我們的注意力資源也在這個過程中不斷流失，無法發揮應有的價值。所以，面對內外環境對自身的影響，我們必須具備一種自我覺知的能力，如果不能對自身的理性思考與情緒予以覺知和分辨，就無法駕馭高品質的注意力資源，從而給自己帶來諸多困擾：

（1）無法正確地做出決策

　　許多錯誤決策都源自於我們的盲目自信、盲目自卑、情緒衝動、個人好惡，這些情緒化的影響讓我們對自己理性上的需求與問題無法辨別，從而做出了未來回溯時認為並不明智的決策。日常生活是由細密的小決策和極少數的大決策組成的，如果我們的情緒覺知能力較差，無法對自己做出應有的調整，那麼就會大大減少做出正確決策的機率，導致連續的錯誤決策，影響我們的生活和工作品質。

（2）無法對目標持之以恆

　　每天堅持健身一小時，一年下來身材和精神面貌都會有變化；

每天堅持讀一小時同一領域的書，一年下來對這個領域的了解相比其他業餘選手會有顯著的區別；每天堅持練習一句日常英文，會讓你在國外旅行中毫無障礙。即使一小時只佔每天的 1/24，但是能堅持下來的人也極少，因為想要放棄的情緒被喚起後，我們很難不束手就擒，連續放棄三五次之後就進入了徹底放棄階段。面對目標想要持之以恆，就必須具備保持高品質注意力的能力，唯有高品質的注意力才能帶來高品質的成果。如果我們的注意力常常被情緒稀釋，那麼我們就無法實現獨具優勢的、有門檻的目標。

（3）無法正確地看待成敗

現實生活中經歷連續多次的失敗後，很多人會擔心下一次是不是還是會失敗，同時給自己貼標籤，認為自己是一個做事無法成功的失敗者。但跳出來看，脫離情緒的強行關聯，大多數事情的成敗就跟丟硬幣一樣，這次是正，下次可能是反，每次都是獨立不相關的。由於連續好幾次看到了不喜歡的那一面，我們就會受控於情緒帶給自己的認知，覺得下次依然是失敗的。其實這一刻的厄運和下一刻的好運本來可以獨立不相關，但是在情緒的延展當中，它們會變得無比相關。我們很容易被上一個階段的自我所拖累，無形中成為慣性的傀儡，被困在一些自己不易體察的、固定的認知裡，無法自拔。如果我們有自我覺知的能力，就會比較容易把自己的經驗顆粒化，盡量減少負面經驗和負面情緒對我們當下的影響。

（4）缺乏人格的靈活性

有些人在與自己同等水平的圈子裡往往可以侃侃而談，但是進入更高階層的圈子就會變得自卑，無法做到與他人正常交往；有些人一有成就就被自己的成果發酵出自滿的氣息，在自己毫無覺知的情況下，得罪了不少曾經的老朋友。這些問題的出現源自於我們無法察覺到自己因為外在與內在的某些變化而發生了哪些改變，從而不能以最適合的方式應對當下的環境。我們的日常社交伴隨著無數的不確定性，如果想要在社交中得到認可與尊重，甚至達成某些目的，就要在這個過程當中具備相應的靈活性和彈性，隨時扮演一個恰當的角色，同時做到進退有據、方圓有道。如果情緒始終在自己的思維與行動當中糾纏，我們就無法按照自己想要的狀態打造社交關係。

明心見性，脫離情緒的操控

中國古人常說「人貴有自知之明」，《道德經》中也說「知人者智，自知者明」。這裡的明並非是聰明。聰明人雖然很多，但未必都能透徹地了解自己，這就是所謂的聰而不明。而明是脫離了我對「我」的偏愛，是一種客觀的感知。

這種明是一種自我觀照的清明。就好像我們做任何一件事情的時候都對著鏡子，能夠很清晰地看到自己的變化。譬如，此時你因為一些事情非常暴躁，正想要破口大罵，結果眼前出現了一面鏡子，

你看到了自己猙獰的面目，自然開始收斂，因為此刻你的情緒得到了明確的覺知，從而很快消散了。

這種明清透可鑑。一個人此刻能為了電視裡的難民同情落淚，下一刻也能對自己討厭的人落井下石。當一個人評價自己的時候，會對自己的善良特質非常認可，但是對陰暗特質很可能模稜兩可，或認為那是一種不得已。日常生活中我們見到陰損的人、狹隘的人，恐怕很難客觀地評價自己的陰損與狹隘，因為人都是愛自己的，傾向於對自己所有的想法和行為加上合理化的濾鏡。但是也因為這個合理化的過程扭曲了現實，讓我們無法真正看清自己。這個過程就好像修東西，看清楚每個零件才好下手修理，讓它變得更好。**我們看自己的時候如果可以不帶任何好與壞的情緒，站在上帝視角，就能更清楚地看到自己是什麼人，為什麼得到了此刻的人生。**

自我覺知在於了解「我」的「覺」與「知」，我察覺到此刻的我是怎樣的，同時我也知道，我為何如此。從而瞬間從盲目的「我想」「我要」「我必須」中跳脫，進入「我應該」。這個過程脫離了情緒的操控，為我們帶來了更自由、更理性的行為模式，讓我們具備能力對當前所發生所有的事情做出穩定、自主的反應，回歸真實的本心，理性地選擇那些真正對我們有價值的東西。

唐龍朔元年，弘忍大師請弟子們各作一首關於修行體會的詩，藉以觀察他們對佛教義理的領悟程度。

大弟子神秀先拿出了自己的作品：

身是菩提樹，心如明鏡台。時時勤拂拭，莫使惹塵埃。

在一旁的慧能聽完後，覺得神秀對教義並非徹底領悟，於是藉原詩另作一首：

菩提本無樹，明鏡亦非台。本來無一物，何處惹塵埃。

弘忍大師認為慧能明心見性，領悟佛理更為透徹，可以託付衣法，於是在深夜三更秘密授衣傳法於慧能。

兩者的差距在哪裡呢？神秀將「我」的內心比為明鏡台，認為它需要常常打掃才能保持明淨。而慧能跳出了這個認知，認為並沒有「我」的存在，真正的覺悟是無相無形的。

神秀所表達的是自省，我們常常要反思「我」的言行舉止，看看有什麼問題，然後去糾正它。而慧能所表達的是自覺，有覺性的「我」不受外物影響，只在無我中行事，既然無我，必然是事事通透洞明，又何處惹塵埃呢？

自省是靜態的、主動的、階段性的，更傾向於事後的反思與改造，但是無論如何，如果我們在過程中沒有正確處理一些事情，自省只能幫助我們下一次做得好，而不能改變既成的事實。但是，自我覺知是動態的、流動的、時時的，它伴隨著事情的發生與推進，力求在事情發生的過程當中讓我們能夠清醒地看待和及時控制。這

種素質相比自省，對人的要求更高，當我們具備這樣的素質，肯定會增加把事做成的概率。

提升自我覺知的經歷

我曾經是一個自我覺知能力比較差的人，常常會湧現出各式各樣的靈感在腦海裡，總是忍不住想嘗試，結果導致自己做事缺乏聚焦，同時由於各種新想法的干擾，做事情也缺乏恆久性。

為了解決這個問題，我嘗試過閱讀一些與自律相關的書籍，但是效果不佳。直到我經歷了一次巨大的人生挫折，那幾乎是我人生最灰暗的一段時光。每天清晨，那種痛楚的感覺不喚自來，有時是對自己的否定，有時是對他人的失望，有時是對世界觀的質疑。隨著這個狀態的持續蔓延，我的內心都快要窒息了，於是我決心不再怨天尤人，而是勇敢地與自己的情緒坦誠相見。

後來的每一天，當那種痛楚的情緒如同潮水一樣從心中洶湧而出的時候，我都靜靜地體會它的出現，我會對自己說：「我又開始感到痛苦了，這種痛苦源自於何處呢？」主動把心念從對事物的怨懟轉換為對情緒的分析，我會問自己：「你之所以痛苦，是因為對世界不了解所以失望了嗎？是因為對人性的惡缺乏理解所以沒有免疫力來抵抗嗎？是因為總希望世界是完美的，應按照自己的世界觀運轉嗎？」每天負面情緒都會出現，每次都是一個自我觀視、自我

分析的過程。為了讓自己的分析更加徹底，我開始用文字進行記錄，記錄自己感受的來源，分析是什麼樣的認知與性格缺陷讓痛苦可以乘虛而入，分析傷痛的原點在哪裡，是什麼觸發了它。行為的轉換讓我的角色也有了轉換，我從痛苦的承受者轉變為新問題的研究者。漸漸地，明顯可以體會到的，就是身心變得更加輕盈了，負面情緒出現的頻率越來越低了，而且每次的強度越來越淺。直到有一天，這種痛苦徹底消失了。

我意識到，因為這樣的一次自我療癒過程，我獲得了一個巨大的禮物，那就是自我覺知能力有了明顯的提升。我具備了更強的感知能力，更強的解釋能力，當外部環境給我壓力和負面訊息的時候，我是一個更有能力接招的人。

現在，每當新的想法與情緒出現的時候，我就像海面上的捕魚人，能明顯地看到鯊魚的魚鰭浮現在海面上。我知道它是來爭奪我此時此刻的注意力的，我會立刻遠離這種不穩定狀況，繼續保持注意力的專注。相較於這種更高層次的自由，我意識到曾經被各種想法和情緒控制的我其實並不自由，常常為一些不知不覺侵入大腦的東西所控制。現在的我，在精神世界中獲得了更大的自由，不只是我思故我在，而是我知我所在。

自我覺知三階段：不知不覺，有知有覺，不知不覺

在沒有自我覺知訓練之前，我們是不知不覺的。例如，不知不覺買了好多之前沒有想買的東西，不知不覺在圖書館神遊了一天，不知不覺花痴了一夜。這種狀況下，外在環境對我們的影響是潛移默化的，我們就像沒有打疫苗的小孩，奔跑在四處都是病毒的房間裡，隨時都可能有一種情緒病毒讓我們中招。所以，當我們意識到自己不知不覺地被情緒因素影響太多的時候，就必須提升自己的自我覺知能力，進入有知有覺的階段。

有知有覺階段就是隨身帶一面「鏡子」。我們幾乎每天都要照鏡子，鏡子是真實而誠實的，自然地展露我們的每一部分，讓我們了解自己。但不管我們是好是壞，它從不做評判，只是客觀地給予我們觀察和理解自己的機會。所以，在我們剛開始進行自我覺知訓練的時候，最重要的就是「如實觀照」。這對所有人來說都很難，我們從小被自己的父母要求，什麼是好的，什麼是對的，什麼是沒用的，什麼是可恥的；進入社會會被影響，什麼是成功的，什麼是失敗的。無形之中，我們的內在被刻畫了稜稜角角的標準，當我們真實的感受與這些稜稜角角彼此摩擦，就會產生不適感。

如實觀照最重要的就是放棄標準、放棄評判，接受真實。如果我們覺得化妝是美的，那麼就會不接受鏡子裡素顏的自己，但素顏就是真實的自己，而化妝後的自己已經失去了某部分的真實。在如

實觀照的過程中，放棄標準的原因也在於此。譬如，你新結識了一個合作夥伴，但他是個傲慢的人，溝通的過程中有頗多的輕慢。你湧出一個念頭：「為什麼要跟不尊重我的人合作！」所以這時候自我觀照就發揮作用了，也許你可以感到：「喔……我開始生氣了，氣還不小呢。為什麼生這麼大氣呢？是不是因為我對不被尊重這件事情太在乎了？為什麼我會受控於此？」連續的提問、分析、冷靜之後，你會發現，我已經不生氣了，而且準備調整身段，引導他開始為項目付出了。這個過程中如果沒有覺知到「我」對面子那不合時宜的在乎，很可能就會生氣鬧翻，但一旦意識到就會很快化解情緒，調動正確的意志將事情快速推動。所以每一次的自我覺知都是磨「鏡子」的過程，越磨越明亮，越磨越清晰。

隨著有知有覺從量變到質變，我們會漸漸進入不知不覺的階段。我們已經透過細膩的觀察，體會到自己的種種特點，知道自己的所思所為源頭在何處。就好像面對一片屬於自己的心之海，看著內心的每種想法如海浪升起、落下，在內心發出沙沙的聲音。此時我們的內心是廣闊的，因為我們全然接受了自己，無論年少還是衰老，漂亮還是平淡，它們都是我們當下無須挑剔與評判的存在。我們對自己的一切一視同仁，不再用各種標籤和價值判斷難為，只是站在一個足夠遠又足夠近的角度感知自己，知道如何理解自己、引導自己，全然接受自己的當下，全神貫注於自己的當下。

03

如何提升自我覺知能力

卡爾 · 榮格[1]說：「你的潛意識會指示你的人生，而你稱之為命運，除非你能意識到你的潛意識。」這個「意識到你的潛意識」其實就是自我覺知，而透過自我覺知，我們能更好地做到注意力的管理。

創造環境，做自己的情緒品鑑師

對於美食品鑑師、品酒師而言，日常餐飲都會有一定的「清規戒律」，透過降低對味覺的過度刺激以保持自己對味覺的敏感度，

1　卡爾 · 榮格（Carl Gustav Jung，1875—1961 年），瑞士心理學家。分析心理學的創始人。

這樣才能在工作中對需要品鑑的產品做出敏銳、精確的感知。如果我們長期習慣重油重辣，那麼對清淡美味的感知能力就會相應降低。

飲食男女，嘴巴總會有很饞的時候，我們的精神世界也會有「饞」的時候。它像一張「咀嚼」訊息的嘴巴，如果長期接受非常激烈的刺激，反而不容易感知微小細膩的變化，一旦停止刺激或需要獨處，我們就會覺得內在十分寡淡、空虛。

隨著訊息傳遞效率的提升，我們精神世界的滿足閾值持續拉高。在古代，文人連雞毛蒜皮的事情都能上升到吟詩作賦的境界，再單調的音樂也能踏歌起舞。但是對於現代人而言，那些很多古人視為十分有趣的事情，早已顯得枯燥乏味。現在，每天打開手機之後，海量的資訊撲面而來，我們能夠看到全世界最美的人，最有品質的生活方式，最精彩的人生樣本，最心曠神怡的風光美景。這些資訊充分刺激著我們的感官，讓我們感受著世界的豐富多彩，然而一旦脫離這些刺激，看到自己簡單庸常的生活，與明星相去甚遠的外貌，以及心目中對某種人生的可望而不可及，就會不可避免地感到現實生活的乏味。這種空虛感會加強我們對感官刺激的訴求，於是沒事就想滑滑手機。手機越來越像我們的一個器官，透過各式演算法推送最容易令我們沉迷的資訊，讓我們的心智長時間黏在這個「新器官」裡。

兒時的我們往往覺得時光很漫長，是因為所有的一切都是新鮮的，花是新鮮的，草是新鮮的，四季交替是新鮮的。我們能夠順滑地不斷融入新世界並且感到滿足。但成年後面對的是習以為常的一切，這種遲鈍讓我們覺得時光變得飛快，同時更難得到簡單的快樂。

想要提升自我覺知，就要嘗試著成為自己的情緒品鑑師，減少日常生活強烈的感官刺激，以保證我們對於情緒的「味覺」。譬如試著專注在一些細微而動態變化的事物：蜷縮漸張的新葉，風中顫抖的野花，傍晚時分的粼粼河水……當我們注視著這些緩慢的變化，能夠很清晰地感受到自己情緒的起伏，看著它們出現，激起波瀾與漣漪，隨著它們消逝，內心又回歸深沉、平靜。唯有脫離了裹挾著我們的快節奏，才能找回自己曾經非常敏感的對於世界的感知。對世界的噪音我們需要一點「愛怎麼樣就怎麼樣」的鈍感力，但是對自己的內心需要一種隨時可觀、隨時可觸、隨時可知的敏感力。

探索性格，了解自己容易被什麼影響

人們常說性格決定命運。一方面是因為性格是很難改變的，如果自身沒有非常強的覺知能力和不破不立的人生經歷，那麼一生當中性格的波動不會太大。另一方面，我們發展到一定程度會發現，自身性格中的優勢綁住了自己的下限，而劣勢困住了自己的上限，人生始終在性格的套子裡來回掙扎。

個人的性格特質也會讓情緒呈現不同的波動特徵。善妒的人很容易受嫉妒引發的情緒影響，進而對他人的評價失去客觀性，無形中惡化人際關係；消極的人焦慮感很強，總受焦慮感的支配，放大對生活中風險的感知，無法讓自己的生活平靜；自負的人主觀性很強，在合作中總是相信自己的想法，無法騰出足夠的精力體會他人的觀點和感受。性格中存有的缺陷會讓我們更容易受到某種情緒的影響，從而讓自己無法在一種高品質的注意力狀態下生活和工作。

　　因此，只有了解自己的性格，知道哪些特質總是源源不絕地湧出大腦影響自己，才能更敏感地覺知自我。例如，有些人的個性比較消極，容易用負面的方式看待與評價別人，但是自己卻認為自己的想法是非常客觀的。要調整消極的心態，首先需要知道自己存在這樣的性格特質，明白這種特質帶來的度量世界的標準與外在世界的標準有衝突。就像我們校對手錶一樣，只有知道正確的時間是什麼，才能把手錶的指針調整到正確的位置，否則這隻手錶就只能在錯誤的時間系統裡持續運行，無論它的內部系統多麼規律與精確，在系統之外，它的資訊是失準的、無效的。

　　如何才能清晰地覺知自己的性格特質？

（1）梳理自己的人生決策軸

人生決策軸

你是否看過這現象，一個人看起來非常自信，但是每次選擇的伴侶都與自己的綜合條件有著巨大差距。那麼有可能他並沒有表面上那麼自信，甚至可以說無法克服自卑，於是透過選擇水平遠低於自己的伴侶以獲得控制感與安全感。一個人看起來對錢並不在乎，但是與人合夥做生意卻屢屢因為錢財解散。那麼這種雲淡風輕也可能是一種掩飾，分配錢的決策才能展現他對金錢的真正態度。

相對於表面上的狀態，在關鍵時刻所做的抉擇更能體現一個人的真實性格。我們不只在判斷別人時需要參考這個角度，判斷自己時也需要參考這個角度。做決策時下意識的標準最真實反映了我們性格的優劣勢與價值取向。著名管理大師彼得・杜拉克也曾透過分析自己的決策來進行自我判斷，他將這種方式稱為回饋分析法：

每當做出重要決定或採取重要行動時，都可以記錄下自己對結果的預期。9～12個月後，再將結果與自己的預期比較。我自己採用這種方法已有15～20年了，而每次使用都有意外的收穫。例如，回饋分析法使我看到，我對專業技術人員，不管是工程師、會計師

還是市場研究人員，都容易從直覺上去理解他們。這令我大感意外。它也讓我看到，我其實與那些涉獵廣泛的通才沒有什麼共鳴。

據說這種方法早在 14 世紀就被一位德國神學家發明了，大約 150 年後被法國神學家約翰‧喀爾文和西班牙神學家聖依納爵採用。他們都把這種方法用於其信徒的修行，幫助信徒形成一種注重實際表現與結果的習慣。

我在 30 歲這年，對自己人生當中所有的選擇做了一次回顧檢討。從 3 歲時選擇自己的幼兒園起，後來幾乎每三年都面臨一個人生選擇。我發現自己的許多決策都是興趣＋衝動導向。猶記得高考那年，自習課上趴在桌上發呆，突然看到同學在翻看一本雜誌，其中有篇文章介紹了某所大學。文章的作者說這所大學在北京市朝陽區，晚上不查寢、課程自己選、下課沒人管、學習壓力小、業餘生活好、小資氛圍濃。我一想，很適合我這種不愛上課的學渣，就這個了！於是在同年的 9 月份，我來這所學校報到了。再想起這個決定的時候，我驚起一陣冷汗，我竟然因為一篇大學生的文章選擇了上哪所大學，既沒有做任何調查研究，也沒有做任何分析，因為幼稚的情緒一瞬間決定了人生的重要走向。更可怕的是，這樣的決策過程在我的人生中並非個案，有些決策甚至為自己挖了一個幽深無底的深坑。這讓我意識到興趣＋衝動導向給自己的人生造成了多大的災難，於是後來當「我想」「我喜歡」「我相信」這些想法在內心浮現的時候，我都會自問：「為什麼會突然想做這件事呢？你真

的打算堅持下去嗎？你真的可靠地論證過嗎？」我透過啟動自我覺
知規避興趣＋衝動導向帶來的風險。因為當時的我已經明白，自己
的注意力資源是有限的，不能在過多的選擇與轉變中將自己有限的
資源擊得七零八落。

透過分析人生決策的方式進行自我認知、自我管理、自我發展
是極為有效的，如果能將其定為自我提升的常規工作之一，將會迎
來非常明顯的成長「加速度」。看完這一章之後，也許你可以試著
回想過往自己做過哪些重要的決策。例如，在選擇學校的時候是如
何考慮的，後來你因為自己的選擇受益了嗎？在選擇行業的時候是
如何考慮的，後來這份選擇帶給你想要的人生了嗎？在選擇伴侶的
時候是如何考慮的，後來你選擇的人真的與你創造出想要的生活了
嗎？在選擇生育的時候是如何考慮的，孩子的出現讓你對生命更滿
意了嗎？是否堅持了一些不該堅持的，放棄了一些不該放棄的，這
中間的緣由和出發點是什麼？對哪些決定是非常滿意的，對哪些決
定是非常不滿意的，你是在什麼樣的情景下以什麼樣的出發點做出
這些決策的？

當我們把自己的人生抽象化成一個關於抉擇的時間軸，就會發
現原來十年竟然彈指一揮間，我們在裡面看到的不只是一個個選
擇，還有一個個迷茫、一個個徬徨、一個個衝動、一個個武斷、一
個個志得意滿……我們看到的不僅是決策帶來的後果，還有自身性
格與價值觀的充分映射。

（2）從工作狀態反推性格特質

我們對人對事的態度往往能夠映射出自身的性格特質，同樣的，別人對我們的態度，也能夠反映出我們很難發現的一部分性格特質。

如果你經常被他人在背後中傷，那麼是不是你的過度高調給了別人太大的壓力？如果很少貴人提攜你，那麼是不是你低調內斂的行事方式遮掩了自己的閃光點？如果你總是喜歡與能力較弱的人共事，那麼是不是潛在的你自信心不夠充分？如果你覺得目前的工作既沒有意義也沒有前途，但你依然不敢放棄，那麼你是不是面對抉擇的時候比較優柔寡斷，缺乏勇氣？

我們對外界的表達，深刻地攜帶者自身的性格烙印；外界對我們的回饋，亦是我們自我表達的結果。只有不斷剖析自身在工作當中的細節和與細節相關的結果，我們才能從事情的「鏡面」中看到一個真實的自己。假如透過剖析，意識到了哪些性格特質在持續地影響著自己，那麼就可以更好地透過自我覺知合理地調動它們，揚長避短。

假設一個人處於比較自卑的狀態，過往在面對上司提出挑戰性工作時比較消極退縮，那麼當他具備了自我覺知的意識之後，再次面對這樣的機會，就會逐漸減少自我否定與評判，而是更多地體會內心抗拒與消極意識升起的過程：「我感覺到自己不太敢接受這樣的任務，為什麼呢？因為我擔心搞砸，我為什麼擔心搞砸呢？

我很怕別人認為我不行，但別人的感覺真的對我的工作決策有價值嗎？」當我們從情緒導致的自我抗拒進入對情緒的體察與分析時，就會更少地陷入性格喚起的情緒當中，而是著手理解自己，讓自己進入更客觀的狀態。隨著訓練的加深，總有一天，我們會不把「我」那麼當一回事，進入一種只有認知當下，沒有情緒判斷的狀態。

（3）從社交狀態反推性格特質

你是否思考過以下問題：他人願意與我結交的原因是什麼？我吸引來的朋友是我想要的嗎？在互動的過程中，是我比較主動，還是對方比較主動？在所有的友誼當中，我與對方對這份關係的重視程度是相等的嗎？我的朋友是否為我帶來過幫助，還是我更多地在為朋友付出？我是否鬧翻過朋友關係，這份關係緣起緣滅的原因是什麼？

關於社交關係，我們有無數可以檢視的細節，這些細節都能夠充分體現我們在人群當中的特質。如果你吸引來的朋友在很多方面都是弱於你的，那麼也許是你優秀的特質吸引了他們。但如果你沒有與自己旗鼓相當的朋友，那麼也許你在社交的過程中是比較吝嗇付出的，因此唯有能力與你不對等的人才願意接受這種吝嗇的情感付出關係。如果你總是在社交關係當中主動、單方面地付出，卻沒有得到想要的回應，也許應當思考自身是否過於依戀社交關係，或對社交關係抱有過高的期待，這會讓對方感到無形的壓力。

當我們釐清自己在社交當中的性格特質之後，是可以透過自我覺知調整行為——當那些我們熟悉的，並非滿意的場景出現在面前時，可以清晰地感受到自己需要在這個場景當中做什麼。譬如，有些人認為自己總是單方面熱情地處理社交關係，那麼在與他人相處的過程中，不妨感知自己在交流當中的情緒變化：「我又開始熱情了，也許我應該慢一些，配合對方的節奏。對方還在慢熱的過程中，也許我應該給對方一些空間，讓他適應對我的感覺。我可以適當地問他一些以他為主的話題，等待他的表達，我收斂熱情做一個安靜的傾聽者。」透過對自己情緒的分析，可以更好地調整自己情感付出的節奏。

除了以上三點，我們還可以藉助朋友評價，專業的性格評測等更精確地了解自己。我們對自身性格了解得越透徹，就越能體會自己在不同環境中為何做出不同的舉動，從而察覺舉動的合理性，適當調整自己的行為。長此以往，就能持續提升我們的注意力管理能力，也能大幅優化我們自身的性格。

角度轉換，嘗試認知事物的「上帝視角」

因為基因不同，我們的外表不盡相同，這是每個人都理解的道理，所以並不會強烈要求別人和自己長得一樣，也不會認為與自己長相不同的人就是面目可憎。但在看待三觀、思維方式等精神世界的差異時，我們對別人與我們不同這件事情的兼容度就低多了，所

以人與人之間很容易搞小團體、互相敵對、互相鄙視，甚至喜愛的偶像不同都能為彼此帶來劇烈的衝突。原因在於每個人都有一個屬於自己的世界觀，透過選擇和排斥對應的事物來維持自己世界觀的平衡與完整。但是每個人的世界觀的空間大小是不同的，**能兼容他人世界觀的人與不能兼容他人世界觀的人，本質上是兩種人**。前者的世界觀相容了足夠多的樣本量，所以在對具體事務進行分析時，更具有客觀性，所以我們常說薑還是老的辣。當然活得久未必一定就會擁有智慧，但是對於大多數人而言，經歷的事情多了，腦中的樣本量大了，看待問題才能不偏不倚、一針見血。

想要擁有更客觀的頭腦，首先要讓自己變得足夠有彈性，足以兼容更多不同的世界觀。這點聽起來似乎很難，但其實除了花時間增加生活閱歷，也是可以透過訓練改善的。相信很多人都看過《楚門的世界》，楚門的一生都被規劃好了，觀眾在電視機前窺視他的人生，並從自己的角度出發予以評價，楚門始終活在觀眾的世界裡。我們是自己人生的導演，自己人生的演員，自己作品當中的楚門。面對楚門的經歷，我們可以嘗試從多個角度思考和描述，角度越多元，越能幫助我們認知那個真實的楚門。多方描述的過程，也是兼容多個世界觀的過程。

該如何開展這個描述過程呢？譬如，一個人描述自己到底是不是一個好爸爸：

我們公司的人都認為我是一個超級奶爸，很多人有了育兒方面的困惑都會來問我，我一般都能講得頭頭是道，他們覺得我的建議幫助很大。不過我老婆覺得我不是一個好爸爸，因為下班後的時間主要是她在陪孩子，而我基本上只有周末才帶著孩子出去玩，平時回家時孩子都已經睡了。我兒子還是比較喜歡我的，之前我看到他寫的作文說，他長大後想成為爸爸這樣的人，因為他覺得爸爸是一個什麼事情都懂，什麼事情都能做好的英雄。不過在我的朋友裡，有一位更讓我欽佩的父親，他把一兒一女都送進了史丹佛大學，真的太厲害了。他老是說我在孩子學習上關心不夠，導致孩子目前的成績只是中等而已。

他的敘述並不是一個很單純地認為自己好或不好的過程。他分別引入了同事、妻子、孩子、朋友四個評價角度。

同事：知識豐富、可靠的育兒奶爸，大家眼裡的育兒專家。

妻子：在孩子身上付出不足的「兼職」老爸。

兒子：全能超人，自己的人生典範。

朋友：不夠上進的佛系父親。

這種多角度的敘述似乎並沒有描述出一個完美父親的形象，而且多個角度之間甚至稍有衝突與矛盾。這也是我們每個人需要認識的，**自認為了解自己不代表真的了解自己，自己對自己的評價也不是真相的全部。我們需要尊重自己的複雜性，尊重自己的內在矛盾，**

尊重自己的優缺點並存，真正把自己當人看。只有不過度批判自己，亦不過度美化自己，才能在最客觀的狀態中覺知真實的自己，並且基於真實做出最有效的改善。

如果我們生活中有一些鑽牛角尖的時刻，不妨多找幾位朋友聊聊，用多角度的方式描述自己，在這個過程中重新認識自己，而別人收到更豐富的資訊時也能更加客觀地給予我們反饋。我們會經歷一個觀點不斷豐富、不斷更新的過程，如同為畫布填色一樣，我們對自己的理解會越來越豐滿。當這個過程「習慣成自然」之後，鑽牛角尖的狀態一定會有所改善，我們也會越來越不容易沉溺在自己單方面的情緒中。在下一次執念出現時，先讓它在我們已經搭好的多角度框架中穿梭一遍，我們會突然發現，喔，其實自己本不必如此不放過自己。

歸納總結，建立屬於自己的覺知模型

有句話叫作「從哪裡跌倒，就從哪裡爬起來」。以前覺得這近似廢話，我不從跌倒的地方爬起來，還能從哪裡爬起來？後來我從「坑裡」爬出來幾次後才明白這句話的精髓，「從哪裡」之所以用兩遍，是在強調，明白自己跌倒在「哪裡」是最重要的事。

我們在學習當中常常會歸納知識點以及容易犯錯的地方，因為這是幫助我們提升知識水平與考試成績的好方法。那些常常犯錯的

地方由於「矯枉過正」被根治了，但是很少有人把這種方式用在做人做事上。如果我們將這種方式應用於自身行為的優化，會極大優化我們的自我覺知能力，長期堅持將會有巨大的作用。曾經有聽眾問我，過於衝動、過度主觀的人該如何改善自我覺知，我給了她三點建議：

（1）記錄、分析慣性行為，開啟覺知模式

當我們歸納、分析了自己屢次衝動的錯誤決策之後，就會非常明確這種性格特質帶來的問題，那麼在下一次類似情景發生的時候，我們就能很快意識到那種情緒的產生：「我又開始激動了，我似乎對當前的這件事情有點著急，上一次也是這樣的狀態。」我們的內在會進入情緒分析模式，讓自己不要在當前這種似曾相識的場景中再度做出錯誤的決策與行為。由於我們已經很清楚知道自己是過度主觀的人，就會在這個情景中給自己的主觀想法先打個折扣，讓自己不要急於表達觀點或實施行為。

（2）對沖主觀性，啟動多方論證

當我們的行為慢下來的時候，就有了足夠的空間讓自己的衝動情緒釋放，同時查詢資料，尋找周圍更聰明、更專業的人做諮詢與討論。在這個過程中盡可能客觀地描述問題，盡可能開放地收集觀點，以幫助自己擴充對問題的認知角度與分析深度，盡可能對沖我們的性格特徵可能導致的風險。

（3）多留餘地，事緩則圓

假如我們收集了足夠的資訊，又不是十萬火急，就不必馬上推動，而應基於豐富的資訊給自己的思維充沛的發酵時間。等衝動的情緒漸漸冷卻，心中的想法逐漸篤定時，再做出更負責任的決策。

例如，你覺得自己的公司已經非常厲害了，準備馬上擴大三倍規模。如果你知道自己是一個主觀性很強的人，那麼第一點，安全鎖，這個想法可能是非常激進、非常主觀的；第二點，多方論證，對公司進行回顧檢討，與公司內部的重要成員討論，對新的想法進行正向論證和反向論證；第三點，事緩則圓，多考慮幾天，多討論幾天，直到自己對事情有實質上的把握，以及萬一失敗自己也能承擔，那就可以考慮去做了。

自我覺知說到底是一種行為，就像心算、寫作、唱歌、打籃球一樣，雖然每個人的天賦不同，但是訓練之後一定會在自己的天賦範圍內得到相應的成果。我們隨著健身頻率與強度的加大，肌肉的力量與敏感度都會得到大幅度的提升，運動過程中的許多動作也會形成肌肉記憶。自我覺知也會進入這樣的過程，隨著練習次數的增加，我們會發現自己對自己的變化越來越敏感了，對自己內在的觀察越來越細膩了，並且越來越樂於去體悟自己發生的變化。在這種狀態下，我們能夠更積極有力地調動自己的注意力，讓自己的注意力資源始終處在被管理、被加強的過程當中。經年累月，我們的覺知能力也會完整地經歷不知不覺、有知有覺、不知不覺的階段，最終實現「隨心所欲不踰矩」。

05

第五章

用有效的標準衡量實踐

01

什麼是有效實踐

上士聞道，勤而行之；中士聞道，若存若亡；下士聞道，大笑之。
不笑不足以為道。

——老子

雄心勃勃的「潛在」創業者

某天晚上，朋友發微信訊息給我：「你還記得翔子嗎？他最近
得了憂鬱症。」

「嗯？前段時間他還跟我聊到他的創業新項目，沒感覺得了憂
鬱症啊。」

「是啊，但是他最近好像狀態很差，已經離職了。他老婆說他狀態一直不太好，本職工作也一直不太適應，可能壓力比較大吧。」

翔子是我的老同學，大學畢業後去了當地的國有企業，工作待遇不錯，崗位在外人看來也很穩定，娶了一個門當戶對的太太。照理來說，早就過上了平靜、自足的生活。但他似乎始終都沒有把心思放在工作上，常常提起自己要逃離體制內，奮鬥出一番事業。在過去的七、八年裡，他幾乎每年都要來北京一次，每次來都說要考察一下北京的商業，想找一個好機會做一下自己的創業項目，而且對自己考察的項目如數家珍，還會要我幫他提提建議。但是每次他回去之後，很久都不會啟動創業計畫。經歷漫長的沉默期後又會傳一個新的資料給我，說之前的項目他考慮了一下，不切實際，問我新的項目如何，是不是更值得做。這樣的事情幾乎每年都要重複一次，後來我實在忍不了了，就直接跟他說：「你考察得夠多了，找一個中意的項目先試試吧。」兩年前的一個項目幾乎要到了開始的邊緣，他突然跟我說自己的人脈和管理能力還是不夠，想先讀個MBA鋪墊一下。結果還沒等到MBA畢業，就聽到了這個消息。

其實這些年，我見過很多與翔子類似的人，從想到做之間的資訊傳導特別長，花大量的時間想、大量的時間問、大量的時間看，可是到了臨門一腳，卻突然停了下來。彷彿眼前的事配不上自己的夢想，繼而進入新的徬徨；又好似一個勤奮到自我感動的學生，以準備不足為名遲遲不肯邁進考場的大門，自然永遠無法用成績證明

自己。長期的意志與行為的錯位，會讓他始終處在焦慮與不安當中。

迷茫中的「潛在」知名編劇

曾有一名叫倩語的聽眾私訊我，談到了她對未來規劃的困惑：

輅姐姐您好：

我是一名即將畢業的大學生，現在正處於人生最迷茫的十字路口，想聽聽您的建議。我的理想一直是當編劇，但是我上的卻是師範大學，現在畢業了，父母希望我當老師。但我覺得當老師不足以發揮我的才華，我很喜歡看電影，更喜歡剖析裡面人物的性格與關係，我希望有一天自己也能成為一個知名的編劇，寫出厲害的作品。如果當老師，我就會離自己的夢想越來越遠，但是現在當編劇，父母也不支持我。我現在該怎麼辦，是去當老師還是堅持夢想？我覺得很迷惘。

倩語

看到倩語的私訊，我深深體會到即將踏入社會的大學生的焦慮與迷惘。但是當老師也不一定真的會斷了她的編劇夢，當年明月曾經是一個普通的公務員，但是他通過在天涯上連載《明朝那些事兒》在文學領域獲得了巨大的成功，甚至成為版稅收入最高的作家之一。與創作相關的工作，全職做自然是極好的，不全職做也未必沒有機會，關鍵看自己有多大的決心去嘗試和探索。於是我問了她幾

個問題：

> 大學期間你是否發表過任何形式的文字作品？
>
> 你是否曾在自己的個人平台、微博上發表過作品，粉絲數與點擊量如何？
>
> 你是否曾嘗試在小說網站上發表作品，以此檢驗自己的內容駕馭能力？
>
> 平時你是否會專門讀一些與編劇、寫作相關的書籍，提升自己的寫作能力？
>
> 你花時間參加過一些編劇相關的課程和訓練嗎，感覺怎麼樣？

面對這幾個問題，倩語的答案都是否定的。她甚至沒有嘗試過任何的文字發表，就認定自己熱愛編劇，希望自己成為一個知名的編劇。

對任何人而言，有夢想都是好的，只不過當我們過於強調夢想的美好時，很容易淹沒其中，誤以為它也是現實的一部分。

只欠東風的「潛在」大佬

「小白啊，我們這個項目，萬事俱備，只欠東風。這個東風啊，就是你了！中國的三十多個省，我都有管道，這些人我都認識，我們這個產品一旦出來，他們就能幫助我們上架。」

餐廳裡，一位前企業主管一直在勸我加入他的計畫。

「我過去這些年職場也算順利，現在有了第一桶金，感覺必須做點事情。我看人很挑剔的，一般人我肯定不會和他合作，和你認識這麼久，我相信你的能力！」

「您現在還有別的共同創辦人嗎？」

「暫時還沒有，但是這個事情不會很難，因為資源已經擺在那裡，不用白不用，分銷商、零售商我都認識，網路通路我有幾百個網紅的名單，只要把產品做出來就行，都能賣！」

「現在營運、設計、商務這些基本的配備有了嗎？」

「還沒有，我不擅長這些，所以我這邊等著你啊，萬事俱備，只欠東風。等你來了，幫我們搭建起來！」

「我現在還有自己的事業啊，和你一起做這個項目，我會沒辦法專注的。」

「你現在的事業能上市嗎？上市不了啊，我在金融業打拼這麼多年，等我們這個項目做大了，最差也能賣給上市公司。」

　　這位高階主管在企業裡打拼的這些年裡，一直順風順水，不知什麼原因發了一筆財之後迅速辭職了，一直四處尋覓人和項目，想要創造一番大事業。他曾經傳過五、六個項目給我，問我能否一起做。但通常來說，一旦一個人只談資源不談實際經營，只談願景不談回報，那麼他很可能並不具備真正把事做成的自信。因而，資源很豐富，願景很宏大的人，在機會面前往往是脆弱的，很容易落入投機主義的陷阱；在執行方面往往是懶惰的，因為他們把太多希望寄託於外部資源；在失敗面前往往是無法抗逆的，一旦出現不利因素，就會最先喊放棄。

有效實踐，建構成就的基石

　　楊絳曾說過，現在的年輕人之所以焦慮，完全是「書讀太少，而想太多」。但我認為，不論是讀書很多的人還是讀書很少的人，都有智慧和不智慧之分。我曾經看過一些書讀得很多的知乎網站知名部落客，網上唇槍舌劍，優越感滿滿，但是現實生活中卻過得一塌糊塗。也有一些讀書不多的人，勤勤懇懇做出一番事業，讓自己的家人獲得幸福。

　　在我們的文化裡，是非常尊崇讀書人的，所以曬曬自己讀過什麼書，似乎也成了優越感的一種來源。毫不諱言，讀書必然有讀書的好處，但是相比「想得太多，書讀得太少」對我們生活造成的困擾，「書讀得太多，實踐得太少」才更為致命。雙手是智慧的延伸，

如果我們對人生的種種設想，並沒有憑藉我們的實踐真正實現過，那麼我們就沒有發揮出它應有的價值。如果單靠閱讀就能治癒焦慮、迷惘與困窘，那這個社會上的讀書人一定要比我們看到得多。**本質上，讓我們充滿焦慮的不是不知道，而是做不到。**

在這個資訊極度發達的時代，我們想知道的知識，幾乎都可以透過免費的或付費的網路管道獲取，但是如何走向一條自我成就的路，沒有任何書能夠給出具體的答案。那些真正擁有了理想生活的人，都是從做不到走向做得到，這兩者之間的路徑是唯一的，那就是有效實踐，他們做了真正對目標發揮作用的事。

並不是所有人都具備有效實踐的意識和機會。我們用每日八小時的勞動來獲取薪資，但是並非人人都有機會從工作中獲得足夠的有效實踐。下班後聽有聲書、看書當然會對我們的思考形成非常有效的訓練與提升，但是他人的思想永遠無法取代我們行動帶來的真正的經驗。

古代的科舉制可以讓人們透過閱讀與考試為自己贏得官貴生活，因此人們信仰「萬般皆下品，唯有讀書高」。但是現代社會不同，人們更注重實證。身為一個企業家，你的企業創造了多大的營業額；作為一個作家，你的作品有哪些讀者，多大規模，是否獲得過知名的獎項；作為一個直播帶貨網紅，你在同樣的時間內是否能比其他人賣出更大的銷售額。**當下，真正能夠脫穎而出的人，往往**

都得益於成功的實踐，而成功的實踐是建立在不斷的有效實踐基礎上的。因此，我們在實踐的過程中，必須以非常清楚的狀態判定什麼才是有效實踐。我們在衡量有效實踐時至少要考慮以下兩個因素：

1. 實踐成果可以被市場驗證；
2. 驗證結果可以幫助自己做好新一輪的實踐。

這裡的驗證結果與好壞無關，只和有效性有關，但凡是有效的驗證，皆能作為我們未來執行策略的參考。譬如：

下列哪些實務可以有效驗證自己的商業眼光？

在朋友圈評論馬雲創業 無效
和朋友爭論馬斯克的商業理念 無效
買房買股，親身體驗盈虧 有效
投資創業項目，親身體驗盈虧 有效
做副業，親身體驗盈虧 有效
開公司，親身體驗盈虧 有效

下列哪些實踐可以有效驗證自己的文字水平？

朋友圈發書單、發心情、發唐詩宋詞 無效
開個人平台寫文章，看看點擊量、轉載量、增粉量 有效

寫一本書，看看銷售量與銷售週期 有效

去付費小說網站上發布小說，看看能否獲得收入 有效

哪些實踐可以有效驗證自己的工作能力？

每天工作到晚上 12 點，累到胃出血 無效

每天吐槽其他同事的工作錯誤 無效

每個月的工作任務達成 120% 有效

所負責地區／領域的營業額打破了公司的歷史紀錄 有效

驗證一個人身材如何，自然是在他不用衣服修飾的時候；驗證我們的實踐是否有效，自然是把定價權交給目標市場。唯有赤裸裸的衡量，才是最真實的。

前文中的翔子始終懷抱著強烈的商業夢想，但是他在過去接近十年的時間裡，幾乎沒有做出任何的有效實踐。如果他曾經做過一個成功的項目，也許就可以根據成功項目的模式複製成功經驗，繼續擴大規模；如果他曾經做過一個失敗的項目，也許就可以明白下一次如何改進，或者真正認清自己根本不適合創業。但他始終徘徊在有效實踐的門外，那麼就必然與成功的實踐漸行漸遠。

而倩語想做一個知名的編劇，自然是年輕人的美好夢想，但是在文字這條路上，她必須儘早去實踐。哪怕她的文字才能在校園內

獲得一小部分人的認可；哪怕她的個人平台能夠迎來一個小眾群體的追隨；哪怕她找到一家工作室，從編劇助理開始做起，嘗試著學習如何構思一個巧妙的故事。但她沒有，她始終用自己有夢想來說明自己不平凡，卻沒有在平凡的人群中試圖發出一點點光。

「高階主管大佬」擁有過去職涯裡的榮光，帳戶裡的第一桶金和滿天飛的資源。他想做大事，卻根本沒有想明白什麼才是自己能駕馭的大事。在如何當一個高階主管這件事上面，他似乎有很多的有效實踐，但是在如何從零開始做一項事業上面，他不曾擁有任何的有效實踐。真正把實力搬到創業這個競技場上，他的行動力和應變能力恐怕不如一個沒做過高階主管，但有過一些創業經歷的人。就像圍棋冠軍未必能當得了網球冠軍一樣，他雖習慣了過去的屢戰屢勝，但是在一個自己毫無經驗的領域，另一個賽場的經驗並不能保證他一定能獲取成功。想要證明自己在這個領域的能力，必須要靠有效實踐。

想做成一件事情，必須經歷有效實踐的過程，才有更大的機率創造成功的實踐。向別人展示自己的想法並不是最難的事，最難的是用赤裸裸的實踐成果一步步證明自己的想法。**我們只有把成敗當作指標，才能逐漸摸索出做成一件事情的合理區間。就好像練習投籃，只有無數次成功和失敗的嘗試，才能提升投籃的精準度。所以，把自己從「知」的舒適區間拋入「行」的實踐區間是十分必要的。**能否知而行之，是衡量一個人綜合素質的重要條件。就如文章開頭

所說：「上士聞道，勤而行之。」真正能做事的人，面對自己想做的事情，不會在意別人的敷衍，更無所謂他人的嘲笑，而是在「聞道」之後勤勉地實踐它，真正做到知行合一。而什麼是知行合一呢？我們需借用王陽明的話道出真諦：

　　「知是行的主意，行是知的功夫；知是行之始，行是知之成……只說一個知，已自有行在；只說一個行，已自有知在。」

　　王陽明的話比老子的話表達得更為透徹。**所謂極致的知行合一，知就是行，行就是知，知與行一體兩面，並無割裂。也就是說，如果我們可以做到實踐就是意志的體現，意志就是實踐的體現，那麼我們的精神與行為之間就不再有分野，我們的行動就不再渙散，而是達到極致的精銳與高效。**

02

有效實踐的功能與價值

曼巴精神不是去追求結果，而是在過程中你打算怎麼做，它是一趟旅程和一套方法，更是一種人生哲學。

偉大球員跟優秀球員不一樣，他們會自我檢視、發現弱點，並改造成為長處。

我寧可現在丟臉也不要以後丟臉，遺憾自己一個冠軍都沒拿到。

——柯比‧布萊恩《曼巴精神》

如果你有一個價值 1 億元的創意，但它卻只停留在腦海中，那麼它既不值錢也不屬於你。事物價值多少不是我們自己說了算，而是必須以合理的呈現形態接受市場共識的考驗。我們從步入社會開

始，就必須承認社會是一個長週期的大考場，我們所有的行為都不可避免地要接受市場的檢驗。**唯有那些迎來成績或「打臉」的有效行為，才能讓我們更明確地意識到自身的潛能在哪裡、問題在哪裡、邊界在哪裡、改造方向在哪裡**，否則就是閉門造車，勤奮到自己都感動了，卻發現市場並不需要。這也是為什麼我們需要理解有效實踐的必要性。

必要性1：更深入準確地看待現實

第一次陷入熱戀的女性與結婚 10 年有孩子的女性，對於婚姻的預期是完全不同的，這並非是智商和文化程度的區別，而是源自於後者經歷了前者不曾經受的現實挑戰。**一個人一旦被現實捶打過，就會對世界的認知更加客觀、現實。**這個道理體現在人生的方方面面，儘管沒有人願意接受現實的虐待，但不得不承認，現實對我們的種種回饋，才是這個世界為我們量身訂做的教科書。

在我直播的時候，常常會有一些聽眾問，你這些想法怎麼來的，是看了哪些書，能否推薦一下這些書？

尷尬時刻！因為我確實不算是書蟲，要我洋洋灑灑地列一個古聖先賢薈萃的書單，我真的做不到。我的絕大多數觀點源自於我在實踐中的體驗，即便有些源自書本，它們也一定與我的現實經驗相互印證。我認為，**如果我們堅持一個觀點，不應當是單純地「我認**

176

為它正確、我希望它正確、我感覺它正確」，而是經過驗證和批判之後，確立了這個觀點在具體環境下的價值和適用性，它才更具備堅持的價值。

譬如，有些人覺得上班更好，有些人覺得創業更好；有些人覺得做職業女性才算是活出了自我，而有些人做全職太太不亦樂乎。這個世界上沒有一模一樣的人，每個人只能在適合自己的人生中找到屬於自己的平衡。**很多觀點是不能脫離具體的人和環境的，也許在一個更大的時空裡，我們在地球上認為的至理名言，在另一個星球上卻變成低階笑話。**所以，即便人們看了一樣的書，由於個體閱歷的差異，也很可能得出深淺不同、方向不同的感悟，**在成長的路上，絕無可能「抄作業」。**

我在剛開始工作的時候管理很多零售商和分銷商，了解他們的週轉數字是我工作當中的必要任務，與上司在電梯間、辦公室碰到，他們很容易冷不防地考我一下。我剛開始老是記不住、答不出，而且我發自內心地覺得記這個東西很無聊。但隨著我對零售商和分銷商業務的介入，為了提升自己的業績，我要想大量的辦法驅動他們的業績，週轉數字自然而然變成我每天思考問題時必須考慮的因素。在進入了這種狀態之後，我發現我的大腦進入了一種直覺狀態，不用看當天的表單，光靠猜就知道他們當天的出貨與零售數據，誤差率可以保持在 5% ～ 10%。這種針對性的進化源自於日復一日的實踐，自然而然地讓我對現實狀況的感知和分析更加清晰。

讀書對我們的改變是自上而下的，也就是說，我們透過讀書改變了自己的談吐、興趣、思考方式、行為方式，這個過程是潛移默化的，更加緩慢。但實踐出道理不同，它是一個自下而上總結經驗的過程。我們碰過沸水，下次就不會再碰；我們拼盡全力也跑不過別人，就不會立志做跑步選手；我們被別人背叛過，才會懂得忠誠對人的意義；我們不被別人尊重，才會更明白尊重他人的重要性。經驗無論大小，每一份都是紮紮實實生長在肌肉裡，不是讀書時一段道理、一個金句就能輕易了然。**經驗的發揮更像武俠片中高手練劍的過程，必須經歷眼到心不到，心到手不到，心到手也到，心中有劍肆意馳騁的四個階段。**穿越每個階段都務必輔以大量的練習，實現資訊獲取─行動─成果─反思─再行動的有效循環，在這個過程當中培養經驗、驗證經驗、複製經驗，形成一個連續的、正向的、認知螺旋式上升的模式。我們唯有在由簡至繁、由繁歸簡的過程中熟稔，看清了道，才能啟動人劍合一的自我創造。

必要性2：圈定自己的人生訴求與能力範圍

我跟很多人聊天，他們都會說類似的話：「我不知道我想要什麼，但是我知道我不想要什麼。」我把這種狀態叫作「實踐半坡」。也就是說，走在有效實踐的路上，逐漸拋棄了一些不適合自己的東西，但是還沒有因為有效實踐找到屬於自己的路徑。

曾經與朋友聊天時，朋友突然說：「我們聊的話題真有趣，我

好想錄下來，一定會紅！」我當時不以為然，一方面我認為我說話比較尖銳，很難做到人見人愛，另一方面，當我用手機的前置鏡頭對著自己的時候，我看到的是一張不夠美的面龐，從任何角度，我都沒想到我錄製的影片可以有幾十萬粉絲，並且因此萌生了寫這本書的想法。後來在幫助一個夥伴拍攝影片時，怎麼拍攝都不滿意，數據也很差，於是我想根據自己的想法在自己的帳號上試試。剛開始一個人也沒有，後來有了一些很多年不聯絡我的老朋友關注我，這時我非常想要放棄。後來有一天看到一些貶低大齡女性的影片，我覺得裡面的觀點很消極，很讓人生氣。於是我決定分享一下自己對於 30 歲女性的態度，心想也許沒有多少人會看到，結果一夜過去，第二天打開手機，竟然增加了 1 萬名粉絲。這個數據的變動讓我意識到一種可能，那就是我可以把我的許多想法搬到影片裡。於是在之後的日子裡，我每週都要創作幾個影片，並且開始自學影片剪輯，有意識地研究歌單，不僅想要把內容持續做下去，而且希望做得更好。因為影片表達的內容有限，很多人提的問題也有共通性，所以喚醒了我曾經想要出書的想法。根據這個想法，我開啟了自己的創作之路。

這件事情一開始，我只是想試試怎麼樣能夠在影片網站上獲得有效流量，結果沒想到促成了我持續的創作。在這個過程中，發展了我想要深耕內容製作領域的訴求，同時拓展了我在這個領域的能力範圍。如果我當時只是想得過且過，必然不會探索出現在的小小成果，更不會寫下這段話。

在生活中，我是一個喜歡鼓勵別人的人，我始終相信每個人都有屬於自己的使命，或大或小，實現就好。如果因為我對對方負責任的鼓勵，而讓他更早地發現了自己的使命，拓展了自己的邊界，那麼也相當於延展了我人生的寬度。

當然，並非所有的實踐都一定能帶來正向的成果，但是透過與外界發生聯結，取得成果，會讓我們更了解自己，了解外界。如果一個未經世事的少女想知道自己適合怎樣的伴侶，看多少韓劇都無濟於事。你務必自己跳下去，親自談幾次戀愛，才能知道自己在異性的眼中是什麼樣子，自己的真實預期是什麼，自己能做的妥協是什麼，繼而建構一個對戀愛、對婚姻更加客觀、理性的決策模型。可能進場的時候想找個絕世男神，離場的時候帶走的是暖男哥哥，會失望嗎？也許不，因為相比意淫他人故事當中的空中樓閣，這份當下的、真實的、有溫度的經歷才是踏實美好的。只有經歷了與現實的交鋒，我們才能及早明白自己能得到什麼，以及想得到更好的，需要付出怎樣的代價。現實社會是個大賣場，絕大多數人都預算有限，看得懂價格標籤的人才能在預算範圍內擁有最好的東西。

必要性3：認清弱點，提早規避風險

很多教育專家對家長們都有一個忠告，那就是不要總誇獎自己的孩子聰明，否則當他以聰明作為自己的最重要的標籤之後，就會越來越熱衷於展示自己的聰明而拒絕那些可能會暴露他弱點和失敗

的事，以至於在「聰明人」的虛榮中走向真正的平庸。

　　我們的人生不是為了失敗而存在的，但是失敗一定會為了我們的人生而存在。因為走路會跌倒、考試會犯錯、遇人會不淑、投資會虧損。基本上，失敗的面孔沒有成功那麼明艷照人，一想到它的醜陋，我們都想躲著走。但是鈴聲一響，我們就會發現，它正以老師的名義站在我們的世界裡，每一次訓誡都鏗鏘有力、血肉橫飛，教會我們那些成功無法教會我們的事。

　　當然，也許有人會說，人生的奮鬥在於發揮自己的強項，而不是彌補自己的弱點。這句話有它的價值所在，但同時也有潛藏的風險。假如我們每個人都是一家自負盈虧的公司，那麼強項就是公司的核心競爭力，而弱點則是公司的重大風險。當我們還在初步發展期的時候，當然是靠優勢打天下，但是一旦我們的規模不斷擴增，穩定性就變得至關重要。這時候，我們個性當中弱點有多弱，風險就有多大。**所以如果能及早意識到自己的弱點，就相當於給自己增加了一個風控部門，讓自己在攀登到更高的階段後，依然能夠保持穩健。**

　　在我們的文化裡，「成王敗寇」深入人心，這種文化特質也增加了所有人的犯錯成本。我們會發現，「寧可無功但求無過」不只是許多人的行為模式，也會體現在許多人對孩子的教育當中。雖然失敗在大多數環境下確實沒有那麼重要，但是人們很容易人為地放

大它。就好像我們每個人都在一個大秀場裡，每個人都擔心自己露怯，嫌自己手臂粗就穿長袖，嫌自己腿粗就穿長裙，寧可賣相平庸也不肯缺點外露。但是這個以真實實力為標準的秀場是殘酷的，越是拼殺到後期，越像是身穿比基尼的大清算，誰能更早意識到自己的弱點，誰才能在後半場更好看。

必要性4：更早明白成事的邏輯

陳康肅公善射，當世無雙，公亦以此自矜。嘗射於家圃，有賣油翁釋擔而立，睨之久而不去。見其發矢十中八九，但微頷之。

康肅問曰：「汝亦知射乎？吾射不亦精乎？」翁曰：「無他，但手熟爾。」康肅忿然曰：「爾安敢輕吾射！」翁曰：「以我酌油知之。」乃取一葫蘆置於地，以錢覆其口，徐以杓酌油瀝之，自錢孔入，而錢不濕。因曰：「我亦無他，惟手熟爾。」康肅笑而遣之。

陳康肅公對自己的射箭水準頗為自信，但是賣油翁卻不以為然，並非因為賣油翁也能射出高水平的箭，而是因為他身帶絕活，知道什麼才是成就絕活的邏輯。

想把事情做成做好，就需要遵循做成它的邏輯，這個邏輯並非趙括談兵只是紙面推演，而是重複操作之後訓練出的判斷力，合理邏輯＋各種細節的微妙組合構成了最終的成功。

　　對於爆紅文章作者而言，只有在發表過大量的文章之後，才會明白大眾對於什麼樣的內容會產生共鳴並分享。

　　對於外科大夫而言，只有在經歷了大量的實操案例之後，才能夠在面對疑難雜症時果斷地精準處理。

　　對於專業投資者而言，只有經歷過大量的虧損與盈利並且持續回顧檢討，才會明白在什麼狀況下應該做出什麼樣的投資決策。

　　前面的每一次失敗並不是白經歷的，每一次成功也不只是成功。它們都是在向未來更大的成功「交學費」，學到了什麼？成事的邏輯。

　　這幾年和創業的朋友們聊，大家有個共同感受就是，創業越早越好，越早進入越早理解各種商業模式的邏輯。當然也有人說，看各種媒體報導和商業分析報告也能了解商業邏輯。其實這個邏輯的背後是一種手感和體感，就像你聽了很多寫作課，但是開始寫東西後，你會發現即便一樣的天賦，那些長年以寫作為職業的人還是手感更好。更早創業，就會更早介入企業管理的方方面面，知道股權如何分配對企業做大更有好處，知道管理如何分權才能兼顧民主性與抗風險能力，知道如何給團隊分錢才能最大限度激發團隊的主觀能動性，知道什麼時候對外募資才能提升企業發展的節奏。這裡面每一件事情都能找到書籍做參考，但是每一件事情都不能照抄別人

的方法，靈活應用的部分一定是在不斷的有效實踐中領悟，自身能力也是在不斷穿越成敗的過程中淬煉出來。只有透過實踐的歷練，才能知道如何在變動的狀態中達成目標。

必要性5：獲得生命的掌控感

我們站在現實的土地上，眺望對岸的慾望，如果中間沒有橋樑，慾望就永遠是慾望。

這也是為什麼有人會說「Done is better than perfect」（完成比完美更好），相較於想像中的完美幻象，完成某件事得到的是紮實的體驗。所以，慾望與現實之間唯一的橋樑，就是去做。

亞里斯多德曾談到富有智慧的勞動如何改造我們的人生「**人類不是因為有手才使自己成為最有智慧的動物，而是因為人類是最具有智慧的動物才有手**」亞里斯多德在 2400 年前闡述的道理至今依然適用，用智慧指揮雙手，雙手是智慧的延伸。當人類不再使用雙手時，久而久之就會對自己產生懷疑，對自己失去信心，因為我們與實踐割裂開來，與智慧的本質割裂開來。**本質上，我們的自信是自我與外界之間的彼此信任，自信的內涵不僅僅是自我，而是他人與自我，世界與自我之間的互動，只有實踐才能讓這種互動成為可能。**

　　在離開企業自己創業之後，整整半年的時間裡，我雖然沒有了那種「雇主爸爸當家長做後盾」的安全感，但也體會到了「大雨中沒有傘的孩子跑得快」。每天和自己深度相處，有了想法就去做，是非成敗自己擔，事情的結果是衡量實踐的唯一標準，而優化實踐水準是自我改造的唯一方向。在這種意志與行為高度統一的過程中，我由內而外地體會到了對自己的掌控感。就像一位舞者曾經對我說的：「長年的舞蹈練習，會讓舞者熟悉自己的每一塊肌肉，從而形成對於動作的超強控制力，為喜歡的舞蹈跳到酣暢淋漓的時候，就是在駕馭自己的靈魂。」我當時想，就是這種掌控感！這種掌控感取代了企業帶給我的那部分安全感，成為在自己體內紮根的力量，讓我用實踐修正自己的靈魂，用實踐治癒自己的靈魂，用實踐指引自己的靈魂。

03

「實踐的勝利」與「勝利的實踐」

實踐的勝利：成功是成功之母

　　我曾經在抖音上看到一個互動率極高的影片。影片裡一個小女孩兒趴在桌上哭得震天響，桌上是一張皺巴巴的考卷和一個殘破不堪的書包，而畫面的背景是她的家，可謂一窮二白，家徒四壁。我看了看影片底下的描述：「每次考第一，這次考了第二不甘心，你說一個女孩子，以後該怎麼辦？」出於好奇，我點開這個影片帳號，打開了其他的影片，發現這個女孩兒的家境十分窘迫，除了她，還有弟弟妹妹，以及一個熱愛拍影片的母親。其他的影片幾乎無人問津，唯獨這條淚水漣漣的影片，竟被推送上了熱門。「小女孩的上進心可真強啊。」我心說此話的同時點開了影片底下的留言：

「女孩子太好強不行的。」

「這樣的女孩子以後可不好嫁。」

「現在就這樣，以後會得憂鬱症的。」

「女孩子太好強不會幸福。」

「妳做媽媽的要多培養她做家務，培養她的溫柔。」

……

我一條條向下瀏覽，發現最主流的論調是「女孩不可以好強」「好強不好嫁人」「太好強會得心理疾病」。這段影片讓我看到了自己人生閱歷的局限性，因為這些觀點，竟然是我過去幾十年從來沒有考慮過的問題。

我小時候也有過因為成績不好爆哭的場面，更別提學霸們了，這並不是一種稀奇的行為。當一個孩子開始在內心設計目標與預期時，他必然會嚐到失落的滋味。對於習慣了做第一名的人而言，考第二名就是輸，無論別人覺得第二名是不是也值得羨慕。在奧運的賽場上，每位參賽者都可謂全世界最領先的運動員，但是也不乏得了銀牌、銅牌落淚的人，他們的失落感不會比沒進前三的人更弱，只會更強。正如人們都知道世界第一高峰是聖母峰，卻很少有人知曉喬戈里峰是第二高峰。雖然第一與第二差距甚微，但在人們心目中獲得了完全不同的認知度。

正如我在第一章所講的，人需要強烈的存在感來明確自身的意

義，而贏就是其中一種實現方式。這位母親與下面的留言者說得也有道理，但他們並不能真正體會這位女孩的痛楚所在，之所以無法體會，也許是因為他們從來都沒有品嚐過贏的滋味。對於那些家境優渥，送孩子上私校的父母，最擔心的不是孩子太好強，而是孩子不好強。身為父母，在四五十歲的年齡能夠為孩子帶來豐裕的選擇權，是因為他們相比自己的同齡人始終在贏，過五關斬六將成為企業老闆、行業翹楚、企業高管、優質的投資者，所以才有資格擁有更多的資源，讓下一代獲得更好的教育。他們為孩子創造機會豐富的戰場，讓孩子尋找自己能贏的領域，談起孩子對贏的渴望與熱愛，臉上皆是欣賞，這個過程不分男女。

接受過應試教育的我們都明白，應試教育的贏家只能是極少數，因為衡量標準是非常單一的，那就是考試成績，甚至單科成績都不能代表什麼，務必是綜合成績。長此以往，前十名由少數學生浮動性地輪流佔據，中間段的孩子渾渾噩噩，最末尾的孩子自暴自棄。其實每個人都有自己的優勢，但是在單一衡量標準下，只能是最適應這個標準的人勝出。在這個過程中，不僅形成了成績地位的壟斷，更重要的是形成了積極意志的馬太效應。也就是說，越是靠前的人越喜愛贏，越能在正回饋當中強化自我的意識；越是靠後的人越是覺得無力，長此以往很容易自暴自棄，甚至會抹殺自己對其他方面的自信心，覺得自己事事不行。但在精英私立學校，有著比普通公校更豐富的比賽種類，它更像社會，劃分為不同的擅長領域，讓孩子有了更多贏的機會。孩子對自己的評價體系不只停留在成績

上，可能還有音樂、演講、體育、藝術。就如同我們的社會一樣，數學不好的人不耽誤他做一個優秀的音樂家，英語不好的人不耽誤他做一個優秀的企業家。當人們在機會充分流動的環境下，就能有更大的機率尋找到讓自己贏的戰場，去體驗贏。當人們在勝利的實踐中獲得了尊嚴與意義的強烈感受，便會熱愛勝利，相信自己在更多的戰場上可以獲得實踐的勝利。

可惜的是，我們當中的大多數人從小沒有機會挖掘自己的潛力，所以未曾贏過，始終在不適合自己的戰場上掙扎，被動地嘗試保全自己。對孩子來說，其實不怕他想贏，心態的失衡只是特定年齡下自我調適經驗缺乏所致，父母幫助他逐漸改善就好。怕的是他不知道什麼是贏，怕的是他迴避贏，怕的是他不敢爭取贏。一個人不甘落後的慾望，本就是一種寶貴的資源，能夠驅動他創造機會，達成他在目前資源與環境約束下力所不能及的事。影片中的小女孩家徒四壁，卻聰明好強，如果她的情商能夠得到父母的良好培養，自己的智力和慾望又能得以持續發揮，那麼她的人生將有更多的選擇。

如果一個孩子在兒時，透過自己的實踐獲得過勝利，他會銘記勝利的滋味，長大後依然會去尋求勝利的可能。如果我們在練習中獲得過勝利，這種勝利會激勵我們繼續做下去，讓一步步的微小勝利，構成巨大的勝利。**勝利帶給人們的並非僅僅是外人眼中的虛名，它還能為一個人的精神世界開闢出一條更寬廣的路徑，給予他向前**

追逐更大目標的信心。

勝利的實踐：成年人的自信養成

我曾經有一位下屬，能力很強，但很沒自信。大多時候「能力強」和「沒自信」這兩種特質並不相容，但是在她身上始終固執地同時存在。她雖然有不錯的智商，卻無法在關鍵時刻發揮出來，一遇到重大的考驗就出包，一遇到別人的否定就壓力巨大，一旦需要展示自我，她反而格外退縮。她的職業生涯並不順暢，因為在很多場合裡，她總是無法鬆弛、有效地展現自己。

後來她成了我的下屬。在與她一同工作的過程中我發現，她對自己的要求很高，工作輸出能力也很強，教她什麼也能馬上學會，只要不必面對很多人的期待，她的工作成果可謂盡善盡美，而且在工作之餘，她的表達能力也是不錯的，甚至非常有邏輯。但是，反差極大的是，一旦把她放入與人交涉的環境，她的實際表現就會大打折扣，以至於讓別人很自然地懷疑她的真實能力。

她這種狀況可以選擇看心理醫生，也可以選擇進行長時間的自我調適，但是這些只能讓她的狀態有所調整，並不能給予她巨大的突破。我覺得藥效更好的是讓她做一些可以獲得巨大認可的事，也就是勝利的實踐。我們性格本身存在的問題，他人的安慰、鼓勵，看書等都不會起到足夠顛覆性的作用，**能讓我們的問題發生顛覆性**

改變的，唯有巨大的外力。正所謂不破不立，如果原有的空間束縛了自己的靈魂，那就必須破開它，給它構造新的環境。我們常常聽到一些人經歷了某些重大的變故之後「想開了」，之所以想開了，是因為原先那個狹小的空間被徹底摧毀了，**人都是會心隨境轉的。這個「境」就是一種更大的格局，更大的格局有很多種建構方式，但是破局一定是最有效的方式之一。**

　　年輕總是美好的，但也會因為年輕特有的脆弱而必須承受痛苦。我體會過剛畢業不久時內心的那種壓力與焦灼，所以我格外想在讓她變好這件事情上面「多管閒事」。她原有的能力 90 分，但是心理素質 30 分，因此在她與合作夥伴談判和展示的過程中，效果會大打折扣，可能只能達到 50 分。我不想讓她只做一些很「後台」的事情，埋沒自己的能力，我想讓她走到「台前」，真正意識到「我可以」。

　　於是在後來的工作當中，只要涉及對外窗口和談判，我都會冒著失敗的風險把機會交給她。但在她做這項工作之前，我會逼她做出 300% 的準備，無論是撰寫的方案還是對外的措辭，都讓她盡量逼近我的水平。在與客戶談判的場合，我會做她的輔助，在她出紕漏的時候給她支撐，在獲得成果之後，再幫助她對此次工作進行回顧檢討。

　　在這個過程中，一次又一次的嘗試迎來了一次又一次的勝利。

我作為旁觀者，能夠很明顯地感受到她變得更加從容。也許她在其他方面依然不夠自信，但是面對工作中類似的挑戰，那種恐懼感不再支配她，取而代之的是一種「我可以贏」的游刃有餘。經歷了幾個月的訓練之後，她不僅可以獨當一面，自信地搞定大多數客戶，而且可以帶領一個小團隊，用自己前進的步伐帶動別人。

孩子的自信需要父母給予，一句「寶寶你真棒」也許包含巨大的能量。但對成年人而言，性格與世界觀已經形成，想要在這個社會上擁有披荊斬棘的自信與勇氣，必然要靠一次次勝利的實踐堆砌。兒時培養的自信是一個中空的架子，沒有成就的填充，總有一天會在現實的衝擊下倒塌。成年後搭建的自信也許更加內斂，但是隨著勝利的實踐越來越多，它會變得越來越紮實，體現出強大的抗逆性。

勝利的實踐對一個人來說格外重要，對一個團隊也是如此。增加團隊凝聚力未必要費時費力做很多團體活動，團隊的成員們一起打勝仗就是最好的團體活動。如果一個人贏過，他就想一直贏下去，如果一個團隊贏過，他們會為了下一次的贏而團結一心、全力以赴。如果我們曾經與其他人成功地做過一些事就會明白，共同創造的實踐會為自己、為他人、為彼此之間的關係創造怎樣的作用。也許吃吃喝喝的酒肉朋友遲早會散，但是能打勝仗的勝利之師，那種尊嚴感會在人們的精神世界中顯得格外厚重。

如果一個孩子沒有贏過，他永遠不知道贏有多爽。如果內心沒有這顆種子，他也許永遠都會無心拼搏，誤以為平庸是生活的真相。

如果一個成年人沒有紮實地做成過一件事，他永遠不知道成功有多爽。如果內心沒有這顆種子，他就會無心嘗試，在慾望與現實的落差中過完一生。

做，且做成，是成年人贏得自信的唯一方法。

06

第六章

用思維的模型優化實踐

01

複利思維的實踐

被「雞湯化」的複利思維

前幾年非常流行一個話題，那就是複利思維，人們常常搬出類似下面這樣的等式：

$$1.01^{365} = 37.78$$

$$1^{365} = 1$$

$$0.99^{365} = 0.26$$

試著透過幾個等式告訴我們，每天堅持努力就會有不凡的成長。

用一堆數字談個人成長，其實是令人茫然的。一個活生生的人，又不是理財產品，怎麼就能複利成長了？努力的人很多，但是結果完全不同。我已經重複辛苦的工作 1078 天了，和第一天有什麼不同嗎？

數位運算帶來的增量確實驚人，看起來非常勵志，但堅持什麼？如何堅持？堅持多久？數字中是沒有答案的。如果我們並不能從這些資訊當中提取出一種合理的行為策略，那麼它們就毫無意義，不過是一碗披著勵志外衣的雞湯罷了。

如果我們想要檢驗這個理論的有效性，就務必正本清源，先從根本上理解複利的概念以及這個概念適用於成長中的哪些場景。

複利是指一筆資金除本金產生利息外，在下一個計息週期內，以前各計息週期內產生的利息，也作為下一個週期的本金計算利息的計息方法。這是一個利息變本金、本金生利息的持續成長過程。在中國民間，這種計息方式也被叫作利滾利、驢打滾、息上息。

由於銀行的定期儲蓄都是使用單利計息法，所以大多數人對於複利能夠帶來怎樣的財富價值並不是非常敏感。由於資產規模與理財管道的有限性，極少有人在真正意義上感受過財富的複利增長。我們以年利率 10% 來比較一下單利計息法和複利計息法，數位趨勢的差距會讓我們更明確兩者之間的差異：

年度 (10%)	單利	複利
初始資金	100	100
第 1 年	110	110
第 2 年	120	121
第 3 年	130	133
第 4 年	140	146
第 5 年	150	161
第 6 年	160	177
第 7 年	170	195
第 8 年	180	214
第 9 年	190	236
第 10 年	200	259
第 11 年	210	285
第 12 年	220	314
第 13 年	230	345
第 14 年	240	380
第 15 年	250	418
第 16 年	260	459
第 17 年	270	505
第 18 年	280	556
第 19 年	290	612
第 20 年	300	673

第 21 年	310	740
第 22 年	320	814
第 23 年	330	895
第 24 年	340	985
第 25 年	350	1083
第 26 年	360	1192
第 27 年	370	1311
第 28 年	380	1442
第 29 年	390	1586
第 30 年	400	1745

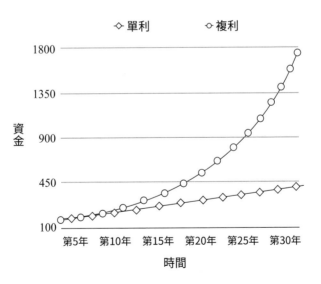

我們可以看到，在最開始的 10 年，兩者差距並不大，但是到了 10 年後，差距越來越大。這種厚積薄發的巨大能量，恰恰就是複利的魅力所在。

諾貝爾基金會獎池規模的發展，向我們展現了複利在資產成長中所扮演的驚人作用。諾貝爾基金會成立於 1900 年，由諾貝爾捐獻 980 萬美元成立。基金會成立初期，章程中明確規定這筆資金只能投資在銀行存款與公債上，不允許用於有風險的投資。但隨著每年獎金的發放與基金會運作的必要支出，經過 50 多年後，諾貝爾基金會的資產流失了近 2/3。到了 1953 年，基金會的資產只剩下超過 300 萬美元。而且因為通貨膨脹，300 萬美元只相當於 1896 年的 30 萬美元，原定的獎金金額顯得越來越可憐。眼看著將走向破產，諾貝爾基金會的理事們求助於麥肯錫，將僅有的 300 萬美元銀行存款轉成資本，聘請專業人員投資股票和房地產。新的理財觀一舉扭轉了諾貝爾基金會的命運，資產不但沒有再減少過，而且到了 2005 年，總資產還增長到了 5.41 億美元。從 1901 年至今的 100 多年裡，諾貝爾獎發放的獎金總額早已遠超過了諾貝爾的遺產。

另一個例子來自股神巴菲特。40 多年前，美國紐約市立大學有一對教授夫妻，他們拿到了 5 萬美元的稿費，這筆錢在當時算是一筆鉅款，他們竟不知如何處置。有一天，教授夫妻向他們的朋友巴菲特提及此事，巴菲特就對他們說：「這樣吧，你們要是信得過我，就先投入我的公司，我來幫你們管著，好嗎？」那時巴菲特已經小

有名氣，教授夫妻欣然答應。

教授夫妻將這筆錢投入巴菲特的公司後，很多年都沒有問。30年後，教授先生過世了，巴菲特來參加葬禮。巴菲特對教授太太說：「你們放在我那裡的錢現在已經漲到 6000 多萬美元了。」教授太太吃驚，後來她立下遺囑，決定等她去世後將這筆錢全部捐給慈善機構。幾年後，到她去世時這筆錢已經增值到 1.2 億美元。

這兩個例子都是在告訴我們，複利是如何為機構與個人投資人創造價值。了解複利的作用，我們就會明白，讓自己的資產每年複利增值是多麼重要。而除此之外，基於複利增值的概念，我們能否把它的底層邏輯梳理清楚，讓它貫穿我們的人生？

複利人生的兩大變數

如果一個企業相對競爭對手快速脫穎而出並且持續保持優勢，往往都得益於它所具備的更優質的商業模式。這個模式更適應環境，同時能夠做到資源利用效率的最大化。個人在市場上與企業是類似的──完成價值的交換並獲取收益，如果想要擁有比他人更快的成長，那勢必要像這些領先的企業一樣，具備更優質的成長模式。

複利，作為一種在金融領域產生奇蹟的邏輯，如果我們能將它成功套用到人生當中，我們的人生也會因此大為不同。

讓我們來看看，剛才那兩條複利和單利的曲線是遵循什麼樣的原理而得出的。

複利的計算公式：$F=P(1+i)^n$

單利的計算公式：$F=P×(1+i×n)$

其中，F= 終值，P= 本金，i= 利率，n= 持有期間。

也就是說，當我們的本金 P，以年利率 i 進行複利增長，達到持有期限 n 之後，我們將會獲得終值 F。數學公式看起來總是有些抽象，但是當我們嘗試著把自己的成長量化，把與之相關的一些概念代入其中的時候，就會有另一番理解。

在我們的人生成長公式中，F 應當是我們在較長週期內的一個成長目標，也可以說是最終價值。在我們選定了一個長期聚焦的領域之後，在這條道路的起點上，我們已經具備的初始價值為 P。每個週期結束時，相對初始時新增個人價值為 P×i。i 是每個週期的成長率。剩下的就是堅持了，n 就是我們連續堅持的週期數。

所以，複利的人生成長公式如下：

最終價值 = 初始價值（1+ 成長率）^{連續堅持的週期數}

$$最終價值 = 初始價值(1+成長率)^{連續堅持的週期數}$$

由此也可以推出單利的人生成長公式：

最終價值 = 初始價值（1+ 成長率 × 連續堅持的週期數）

我們把遵循以上兩種成長公式的人分別叫作複利人與單利人。

我們可以從這兩個公式當中看出，在選定了長期聚焦領域的前提下，影響個人最終價值的有兩大變數：成長率 i 和連續堅持的週期數 n。

此時我們再複習一下複利的定義。複利是指一筆資金除本金產生利息外，在下一個計息週期內，以前各計息週期內產生的利息，也作為下一個週期的本金計算利息的計息方法。人生的複利成長與這個規律也是相同的，翻譯成白話文就是，我們在前一個週期創造的所有新增價值都將在下一週期繼續為我創造價值，並且按照此規律持續下去。

這種模式有兩個非常重要的特徵，那就是創造的價值前後連續相關並且持續沉澱。

什麼叫作價值連續相關呢？我們透過小張和小王的故事可能更容易理解。

小張與小王是大學同學，畢業後進入了同一家公司從事媒體行銷工作。他們工作都很勤奮，能力和成果不分伯仲，面對未來他們都同樣積極上進，在工作之餘也都花了很多時間給自己充電。每天下班後，小張基本上都在拼命讀書，希望透過閱讀提升認知，充實

自我，一年下來讀了 50 本各類學科的書籍。小王還是聚焦在行銷領域，不過他並不滿足於工作當中的執行，而是想要獨立操作。每天晚上他都會經營自己國內外各種媒體的帳號，不僅讓自己的媒體運作能力有了很大的提升，而且成了網路上有名的新媒體領域部落客。他經常發布一些與行業相關的經驗、思考，漸漸地各種企業與公司都非常樂於與他接洽交友。4 年後小王被更大的公司挖走，擔任全球新媒體總監。小王離職的時候，其他同事都很恨然，對小王說：「小張也很努力，但是他沒有你這麼幸運！」小王笑了笑：「我也很努力，只是我的努力成果恰好能反哺現在的事業。」

兩個人都很努力，但是工作之餘，小張的努力大部分都分配在另外一條軌道上，對於自己目前主要奮鬥的領域只有很少的促進作用。而小王除了做好自己的本職工作，還在本職領域做了深化，他的每一次嘗試以及努力所創造的價值都是連續相關的。

我們可以將兩個人的實力以及在工作當中的連續相關性，以數字的形式來取代。假設兩人的初始價值均為 100，小張每月在專業領域的成長率為 5%，而小王為 10%。我們以這兩個數據為模擬值，繪製出一張兩個人連續 5 年（60 個月）的複利成長圖。

我們可以看到，在前兩年（24 個月），兩者的差距還非常小，但是三年（36 個月）後，出現了非常明顯的分叉，在第四年（48 個月）的時候，小王的價值迎來了非常明顯的轉捩點，在第五年（60

個月）的時候，兩個人在最終價值上可以說是天壤之別。這些差距
體現在工作當中，就是對行業的認知、對實際操作的體驗、對方向
的洞察、對策略的把握，以及在人脈池中他人對自己的認可等一切
與行業相關的有效經驗與有效資源。

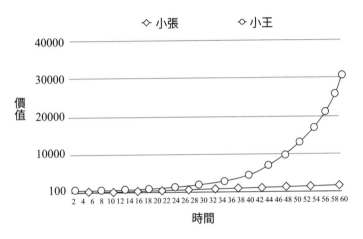

這張圖很好地表達了「我們常常高估兩年帶來的變化，而低估
五年帶來的變化」。在我們努力了兩年的時候，和同一起跑線的伙
伴們差距往往並不大，如果這個時候因為種種原因中斷這個努力的
過程，是很可惜的，因為在第三年、第四年，差距才會顯現。這句
話在我上大學時只是當作一句很勵志的雞湯來領悟的，但是大學畢
業多年後，目之所及，我看到了這句話的真相。有些人畢業於普通
大學普通科系，但選擇了對的領域與崗位，持續努力，5 年後的發
展很多都是不錯的；有些人畢業於重點大學，但是一路跌跌撞撞找
不到自己的位置，5 年後在職場上的競爭力反而不如前者。雖然剛
畢業的時候，後者的選擇範圍與起步都更大、更高，但是連續 5 年

的經驗積累，足以徹底對調兩者優勢。因為在這個階段，人們對於一個人的評鑑制度已經不是你畢業於哪裡，而是你做了什麼。

意識到時間的存在並且去量化它，讓人類的文明前進了一大步。當我們意識到時間的流動對於自己的價值時，成就才能前進一大步。如何讓我們創造的價值在時間的管道當中流動，是我們必須考慮的問題。**當我們深耕一個領域時，不僅要注意當下創造了怎樣的價值，也要注意當下的價值如何為下一個週期創造價值。**唯有這樣，價值才有可能在時間的管道中持續被放大，最終形成自己與他人之間的差距。價值連續相關與時間是一對好朋友，只要有足夠的耐心，就一定會等到轉捩點的出現，在突破了轉捩點之後，努力的成果就可以呈現井噴式上漲，實現質的飛躍。

那麼如何更好地理解持續沉澱呢？我們可以透過木木和仔仔的創業故事來釐清脈絡。

木木和仔仔是廣告公司的同事，兩個人都是公司的核心人物，也都很心高氣傲，做了 5 年之後兩個人都覺得羽翼豐滿，同時決定離開公司自己創業。木木決定堅持老本行，開一家自己的廣告公司，而仔仔決定啟動自己的時尚品牌。

由於過往工作經驗和人脈資源的加持，木木第一年非常順利，做到 500 萬元的營業額。而仔仔在從未接觸的行業裡忙活一年，各

種踩坑，還賠進去不少錢。木木看到灰頭土臉的仔仔想拉他一把：「你這樣做太辛苦啦，要不來我的廣告公司一起工作，我們合夥一起做大。」仔仔婉拒了，覺得第一年雖然踩了不少坑，但也長了經驗，想要再堅持堅持。第二年，仔仔的產品總算在圈子裡得到了一些認可，小有成果。他決定加大投入，於是一年到頭不僅沒有剩下錢，還新增了貸款，直接進入了負資產階段。而木木就不一樣了，這一年營業額繼續成長，達到 1000 萬元。一正一負之間，兩人的懸殊和差距不言而喻。第三年的時候，木木的營業額依然成長強勁，做到了 1500 萬元。但是這時候，他覺得自己的能量變得越來越有限了。公司一個項目接著一個項目，總是不得不新增人手，人手一增加，管理難度也成倍增加，要想做到前兩年那樣的增長效率，彷彿不太可能了。而這一年，仔仔的品牌迎來了 2000 萬元的營業額。

木木看著紅光滿面的仔仔有點羨慕：「你可真厲害啊，今年迎來了爆發式成長！」仔仔一笑：「其實是我們兩個的發力角度不一樣，你做案子的能力很強，但是工作的核心價值都沉澱在了客戶身上。而我只不過是三年來只做了一個案子，但這個案子的所有價值都沉澱在了我自己的企業身上。」木木聽到這些，非常感慨。這些年，他不斷地拿案子，出創意，沒日沒夜工作，雖然好幾個洗版式的行銷讓他欣慰不已，但是轉化的銷售額和自己沒有半點關係。雖說客戶的品牌越做越好，自己也能跟著「喝湯」，但追根究底只不過是一個外包的市場部罷了，始終是在為他人作嫁衣。

就像故事中的木木一樣，絕大多數的上班族創造的主要價值都沉澱在了甲方，也就是雇主的企業價值當中，這部分價值在未來所產生的新增價值也會繼續沉澱在雇主的企業當中。作為雇員，我們每天的收益是按照當日的工作時間結算，今天做夠就有今天的工資，明天請假就不會有明天的工資。同樣的邏輯，今天只要上班，什麼都沒做也會拿到今天的工資，明天上班做了很多有價值的事情，但是還是會拿到和今天一樣的工資。上班族的收入是和自己已經賣出的時間緊緊掛鉤的。對於仔仔這類深耕一個領域的企業主而言，當他把企業推入正軌，即便不去公司，依然有加班的員工為他的事業創造價值，這些價值沉澱在企業裡，在未來會繼續為仔仔創造價值。如果有一天仔仔不想親自經營自己的公司了，他可以傳承給自己的下一代，或將資產打包賣給其他需要此塊業務的公司。但對企業中的上班族而言，最重要的資產就是自己的大腦和身體，如果這兩者任何一項無法正常運轉，都會導致其收益大幅下跌。無論過去為企業創造了多大的價值，這些價值都不會再為自己的未來創造價值。

身為雇員，身上難道就沒有任何連續相關且持續沉澱的價值了嗎？當然有，我們在工作當中學會的技能、思維，累積的人脈以及呈現出的忠誠價值，都會隨著時間的推移表現出連續相關性的提升與沉澱，讓我們隨著工作經驗的提升更高效率地解決更複雜的問題。如果能對雇主體現出連續的忠誠度，那麼相對年年跳槽的人，也會有更多被信賴和提拔的機會。這些也是複利成長的展現。

網紅部落客們的成長史就是複利成長的典型體現。他們拍攝的每一個影片，寫出的每一篇文章，其內容價值都完整地沉澱在個人品牌的價值當中，無論他們在睡覺、在旅行、在約會還是在任何時候，這些沉澱價值會隨著觀眾的湧入而自動產生新的價值。他們每展示一次自己的名字，都是一次知名度的累積；每得到一個粉絲，都是流量價值的沉澱，粉絲又會不斷地帶入新粉絲。在剛開始，一個部落客的單日粉絲成長量可能是個位數，但隨著粉絲幫他做二度傳播，下一階段單日增長量會逐漸變成十位數、百位數、千位數，甚至萬位數。所以，很多部落客都會經歷一個漫長的初步探索期，但是當他們進入萬人級別、十萬人級別、百萬人級別的時候，單日粉絲和流量的成長量都會跨入新的台階，經濟收益也會實現跨越式的成長。當他們達到千萬粉絲的時候，個人的一舉一動甚至可能撬動上億的流量，動輒上熱搜也就不足為奇了。

雖然大多數人不是企業家，不是網紅，但都經歷過自己的複利成長。最典型的就是語言的學習。無論是學習母語或一門新的外語，必然有一個結結巴巴的階段；在結結巴巴的階段之前，必然有一個簡單短句的階段；在簡單短句的階段之前，必然有一個詞接著一個詞往外蹦出的階段。這些過程中少一個階段都很難直接進入下一個階段。但隨著語感的熟練和詞彙量的上升，會在某個階段能力爆發性地提升，那個節點，就是複利曲線的轉振點。

所以，隨意切換行業，不注重價值連續相關與持續沉澱的人，

更像是單利人，單一週期也許成長顯著，但是這部分成長無法為下一個週期持續創造價值。這樣的人始終走在線性成長甚至波動性變化的路上，無法從真正意義上迎來自己的價值轉捩點。選擇了複利成長的人也許會經歷枯燥的階段，但是一旦走到轉捩點，後面的每一步都會與過去的自己和競爭對手拉開巨大的差距。

我們還是以初始價值為 100 來繪製一張圖。假設有三個人，第一個人為單利人 A，每年的成長率為 15%；第二個人為複利人 B，每年的成長率為 10%；第三個人為複利人 C，每年的成長率為 15%。三個人以各自的速率成長 30 年。B 與 A 相比雖然每年的成長率更低，但是他做到了連續相關且全部沉澱，因此在第 15 年的時候，相對 A 產生了質的飛躍。C 雖然每年僅比 B 多成長 5%，但是在第 15 年的時候已經與 B 有了很大的差距，在第 20 年的時候迎來了一個向上的轉捩點，徹底拉大了兩者之間的差距。

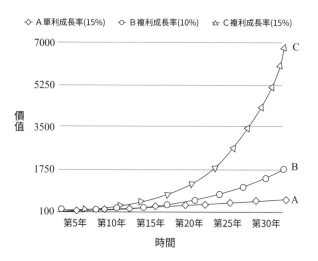

如果我們多觀察生活會發現，其實這並非只是一個數字曲線遊戲，人們的不同行為落在時間的軌跡當中會逐漸應驗這樣的規律：

連續 10 年看不同領域的資料———雜家

連續 10 年挖掘同一領域的資料———專家

連續 10 年從事不同的運動———體育愛好者

連續 10 年只在一項運動中精進———專業運動員

連續 10 年在不同的領域挪用資源———掮客

連續 10 年在同一個領域累積資源———企業家

……

巴菲特曾說：「我不是天才，但是我在某些事情上很聰明，我只關注這些事情。」

很多人都知道巴菲特是全世界排名靠前的富豪，但是很少人知道他一生中 90% 以上的財富，都是在 50 歲之後獲得的。也就是說，50 歲前他依然在中產階級陣營，50 後才進入財富爆炸期。

巴菲特一生如一日地把所有精力聚焦在投資事業上，長期的堅持讓他形成了極為密集的思維網絡，判斷框架更加完善和周密。隨著時間的推移與經驗的加深，他的投資決策能力與財富實現了同步的複利增長。關於投資的複利成長，他曾在 2006 年《寫給股東的信》中，舉了一個例子：

從 1900 年 1 月 1 日到 1999 年 12 月 31 日，道瓊指數從 65.73 點漲到了 11497.12 點，足足增長了 176 倍，是不是非常可觀？

那它的年複合成長率是多少？答案並不讓人欽佩，僅僅只是 5.3%。

與其說巴菲特是投資界的贏家，不如說他是複利思維最好的應用者。他幾乎把所有時間聚焦在自己的投資事業上，他對時間報以正確的堅持，時間也給予他豐厚的回饋。

所以，面對個人的財富需求，個人的成就需求，我們應當檢視自己要選擇哪一條路，在什麼樣的道路上，我們可以做到價值的連續相關與持續沉澱。當我們明確了一條屬於自己的複利道路時，剩下的只需要交給時間，與時間一起迎來屬於自己的成長轉捩點。

02

目標導向的實踐

目標導向型思維的意義

小時候，我特別喜歡玩迷宮遊戲。玩久了覺得不過癮，就開始自己做迷宮，在家裡畫出各種各樣的迷宮圖，拿到學校讓同學們玩。玩樂的過程中大家都饒有興致，但想要走到終點，卻發現沒有那麼容易。每當看到他們抓耳撓腮地反覆嘗試，站在一旁的我常常很得意。因為我每次畫迷宮都是從終點開始畫，畫好這條路之後，再畫出各種複雜的混淆路線。同學們自然不知道我的詭計，反覆從出發點開始，所以每次抵達終點都顯得特別艱難。

長大後漸漸地發現，如果我們面對事物的時候能夠做到以目標

為導向，那麼絕大多數的事情都會變得容易許多，而且這種思維能夠讓事物的執行過程變得資源集約，極具效率。

選擇職業時，如果我們一開始就明確了自己的長期職業目標，由此反推這個目標需要的週期、平台和資源，奮鬥的進程就會一步一腳印。

設計產品時，如果一開始就明確自己的目標客群，針對他們的特性進行設計和測試，那麼產品的最終銷售也會更加有的放矢。

啟動創業時，如果一開始就做了深入研究和思考，對行業發展的前景有一定的預見性，就能大大幫助我們在廣大的市場裡找到一個合適的切入點。

彼得 · 杜拉克[1]曾說，管理是正確地做事，而領導是做正確的事。目標導向型思維就是一開始確立明確的目標以及分析實現它所需的路徑，這樣做的優勢是顯而易見的：

1. 明確的目標會讓我們的資源與行動更聚焦

以學英文為例。如果我們的目標只是學英語，那麼我們可能很

1　彼得 · 杜拉克（Peter F. Drucker），現代管理學之父，其關於現代管理學的相關理論在全世界對企業家群體形成了廣泛而深刻的影響。

久才能學好它。但如果我們的目標是一年內雅思考到 7 分，那麼我們就會圍繞這個分數做出更具體的目標分解。在逐項擊破的過程中，英語程度的提升會更有效率。

2. 明確的目標會大幅降低我們的糾錯成本

如果我們一開始對於目標並不明確，就很容易在錯誤的路徑上浪費時間，從而不斷地糾正和重複，造成人力、物力的大量浪費。只有當我們花費足夠的精力確定了明確的目標時，才能讓我們未來每一步的執行真正具備價值。

3. 明確的目標會讓我們的執行手段更有彈性

相信很多人都聽過「不管黑貓白貓，能捉住老鼠的就是好貓」，這句話是非常樸素的關於目標導向型思維的闡述。

抓住老鼠是目標，黑貓、白貓只是手段。當我們明確了目標，就會基於目標本身展開擴散性的思考。如果 A 方案無法執行，就會尋求同類價值的 B 方案替代，如果 B 方案無法執行，還可以創造同類價值的 C 方案替代。不管環境如何變化，我們都圍繞著核心目標展開，從而降低外部變化對結果的干擾，就有更大的機率實現既定目標。

所以，與其說目標導向是一種思考模式，我比較願意說它是一種行為模式。只有當這種行為模式滲透在我們日常行為的細節當中

時，它才能體現出巨大的作用。

目標導向型思維的高下之分

我有位開公司的朋友叫科科，他曾跟我比較過自己的兩任助理。

第一位助理叫丹丹。整體來說，丹丹是一位盡職盡責的好員工。每次交代的工作都能夠準時完成；口風謹慎，跟老闆在一起，也是安靜沉穩，話不多說；公司內部的狀況也相對了解，處理事情很少有差錯；公司來了客戶需要接待，也基本籌備得有條不紊。科科對丹丹比較滿意，由於是第一位助理，丹丹離職的時候他也是頗為不捨。

第二位助理叫露露。比起丹丹，露露倒是更外向一些，做事情個人色彩更濃重。做每一件事情，即便是類似的，也願意嘗試用新方法去精進，而不僅僅是浮於執行；願意在細節上提出一些新的構想，甚至能夠優化傳統的做法；每次安排商務宴請，會花心思根據客人的情況選擇餐廳，讓客人覺得嘴到心也到；老闆帶她見過的合作夥伴，她都會記在名單上，每逢重大節慶日，都會很早請示老闆是否要維繫顧客關係。科科對露露的最大感受是，做事用心主動，並且善於觀察。後來露露的薪資也有了較大幅度的提升。

　　現在他的這兩位助理發展得都不錯。丹丹是一家更大的公司老闆的助理，業餘時間攻讀 MBA。而露露兩年前離職後開了自己的公司，雖然這幾年創業並不容易，露露的公司卻活了下來，一年利潤 100 多萬元。

　　我跟科科開玩笑：「你眼光真是厲害啊，助理一個比一個厲害。」

　　科科笑著回我：「哈哈，就是眼光太厲害了，留不住人，培養兩年全都另覓高枝了！」

　　「露露這樣的人才也留不住啊，能力要溢出了，總需要找個更大的盤子接著啊。」

　　科科若有所思：「那倒是，露露這樣的人有一個很多人都沒有的優點，那就是不管老闆分配給她的目標和任務是什麼，她都會有一個屬於自己的更高目標。可能你覺得七八十分就行，她不行，必須跟自己較勁，做到九十、一百才行。所以她做任何事情都會讓你感到超出預期。」

　　「這種人才可遇而不可求啊，不過，很多人都覺得太有想法的員工留不住。」

「確實，大多數人都喜歡遵循老方法做事，因為穩妥，但過於穩妥也會受到穩妥的制約。她還是膽子比較大的，會把每一次任務當作一次精進的機會，探索自己的極限。所以你經常會覺得執行同樣一件事情，她每次的水平都在提升。」

　　「確實，能幹的人都有屬於自己的一套路數，讓外人一看就覺得，這就該是她做的事！」

　　「哎，偶爾也會出餿主意！但是大多時候吧，還是要比丹丹強很多。丹丹做事可靠，但是你也不能給她過高的要求。露露呢，懂得站在老闆的角度考慮事情，有些事情你還沒想到呢，她就提前幫你安排到了，深得我心。不過，這也是我留不住她的原因呀！」

　　「露露更像是嫁接在你的體系裡，但是呢，她又自成體系，自己的體系效率遠高於她嫁接的這個體系。」

　　「你說得對，她始終有更高的目標，並且敢去實施，有這種天分，總能成就大事。所以，露露在我這裡是屈才了，哈哈。」

　　丹丹和露露其實都是目標導向的員工，老闆給出目標，她們完成目標，結果都是符合目標，但是帶給老闆的感受卻有很大的不同。兩個人都是優秀的，丹丹的優秀是穩妥不留痕，但是缺乏屬於自己的標籤；露露的優秀是略有鋒芒，更容易給他人留下印象，這種印

象能讓她在短時間內脫穎而出，也更容易獲得貴人緣。

那麼，同樣是盡責地完成同一個目標，是什麼導致了結果的差距呢？

目標背後的目標

人們在面對目標的時候，理解的深度是有很大的差距。就以丹丹和露露做商務宴請來說，他們心中的目標，可能是完全不同的。

助理	確立目標	分析目標	實現目標
丹丹	訂餐	無	完成訂餐
露露	實現本次商業目的	1、老闆的訴求，他想要與客戶達成怎樣的合作與關係？ 2、客戶的特點，怎樣接待更能投其所好？ 3、本次創造好的連結過程，以便未來長期聯繫	1、老闆滿意 2、客戶滿意 3、實現商業目的

丹丹的流程是：what—do（任務—執行）

露露的流程是：what—why—how—do（任務—為什麼執行—如何執行—執行）

一個人長期沉湎於 what—do 是很難有成長的，如果從事一份

工作只能得到一份糊口的薪水卻毫無成長，那難免也太虧待生命了。我們應基於自己所在的環境，從中學習一些讓自己在未來可以長期受用的東西，尤其當我們跟在別人身後學習的時候，一定要增加 why—how 的流程，這是專屬自己的成長空間，也是讓 do 完成得更驚豔的前提。露露每次都會比丹丹多出為什麼執行和如何執行的思考空間，這不僅會讓她對任務的理解更加深刻到位，而且每一次執行類似的任務時，都為自己的能力創造了迭代與精進的空間。長期如此，她必然會比丹丹更懂得如何站在老闆的角度來考慮問題。對露露而言，所謂執行目標，並不是單純地完成任務本身，而是解決任務背後的價值和利益訴求，只有把為什麼要做這個任務，如何更好地完成這個任務理解到位了，才能把一個目標完成到極致。

我曾在第一章中引用過一句尼采的話：「知道為什麼而活的人，便能生存。」其實類似的道理放在執行目標當中也是合理的，那就是，知道為什麼而做的人，才能做得好。

我們自己做事的時候需要注意這一點，我們帶動他人做事的時候更需要注意這一點，當一個人理解了任務的價值，就更容易在做事的時候產生意義感，從而在一定程度上避免消極怠工。所以，我剛開始帶團隊的時候跟下屬講述工作，至少會滿足三個要點：為什麼要做，做這件事情有什麼好處，不做這件事情有什麼壞處。雖然流程有點囉唆，但是避免了新人盲目死板地執行任務。許多職場新人往往都會對目標的理解發生一定的偏差，認為任務就是目標，但

這恰恰是一種教條主義的錯誤。真正的目標往往藏在任務的背後，是驅動這個任務所產生的價值訴求。

就好像請人吃飯往往不是為了吃飯，而是為了建立一個更好的關係或達成更深層的目的；召集大家開會並不是僅僅為了相互溝通，聯絡感情，而是要解決問題，達成共識；參加職業考試不是為了一張證書，而是為了憑此獲得更好的就業和加薪機會。如果後者不需要前者來實現，那麼前者就不那麼重要了。

當我們跟隨別人做事時，思考 why 意味著培養更高層次的思考方式，思考 how 意味著磨練出更好的執行手段。這兩點的加持會讓我們更容易找到執行任務的優化方案，從而展現出他人更加優秀的成果；更容易找到執行任務的替代方案，從而在面對更複雜的環境時依然能夠出色地完成任務；更容易透過價值的傳遞與滲透，與他人形成共識，協同完成任務。

獨立於外部標準的目標體系

我們常常會面對兩種標準：外在標準和自我標準。在相對公平、充分競爭的市場環境下，其實沒有真正意義上的標準，只有好和更好的區別，很好和極好的區別，但是只有好到令他人印象深刻，才能從平均化的機會當中脫穎而出，斬獲更多的認可。

iPhone 的橫空出世，培養了一個大規模、無國界的粉絲群———「果粉」。每當蘋果發布新產品時，人們寧可連夜排隊也要一睹新產品的風采。人們對於蘋果產品並不僅僅是單純的認可，更像加入了一種「蘋果教」，這個教的信條憑藉於高品質的產品，照亮人們千篇一律的生活，那就是 Think Different[2]。這種思考方式深深根植於賈伯斯的大腦之中，回歸蘋果之後，對已經與微軟有雲泥之別的蘋果實施了一系列的改革，扶大廈之將傾。

然而賈伯斯並非只是單純地用輸贏來看待事物，也並不會僅僅為了商業上的數字而調整自己對於高標準的度量。如果他只追逐數字，或許也能做一款賣得不錯的電子產品，但他追求的是極致的標準，這讓他得以實現極致的目標。

標準是相對的，也是絕對的。追逐相對標準的人得到了自我的滿足，追逐絕對標準的人得到了市場的認可。史玉柱曾在《史玉柱自述：我的行銷心得》裡寫道：「人都會高估自己，你做一個事情也許自己覺得還可以，其實拿出去在別人眼裡並不怎麼樣，但是如果你做到連自己都感動了，那麼在別人眼裡才可能是好的。」

所以無論是賈伯斯這樣的商業天才，還是善於脫穎而出的年輕

2　Think Different：意指以不同的角度去思索，用以表達不落窠臼的創新精神。中文常譯為非同凡想、不同凡想等。

人，他們都具有一種獨立的為自己設定更高標準的能力，也許大環境只需要 60 分，小環境只需要 80 分，但是他們會把自己定位在 100 分。唯有在做事的過程中以更高的標準和目標要求自己，能力才可以持續被向上牽引，在日積月累中透過做事不斷拔高自己。而且他們很早就明白，和別人一樣好意味著沒有機會，明顯的脫穎而出才能為自己增加籌碼，獲得壓倒性的勝利。孟子說「故天將降大任於斯人也，必先苦其心志，勞其筋骨，餓其體膚，空乏其身，行拂亂其所為，所以動心忍性，曾益其所不能」孟子認為，一個人的成長是上天給了他「附加任務」，讓他得以被更多地錘煉。但實際上，成長迅猛的人未必真的生於憂患，甚至他們早已擁有外人看來優渥、舒適的生活，而他們的精神世界有極高的奮鬥標準，也因此不斷「自討苦吃」。這才是「曾益其所不能」的真相。

藏在細節裡的目標

《硬球》裡描述了一段美國前總統林登・詹森在年輕時頻繁洗澡、刷牙的場面：

1931 年美國大蕭條期間，美國各類政客常會下榻的道奇飯店。飯店的房間裡沒有浴室，只有一個公用的洗澡間，每到晚上，這個潮濕的地下空間就會人頭攢動，散發生機。當時的詹森只是一個 22 歲的青年人，他剛成為德克薩斯州民主黨眾議員查德・克萊伯格的秘書，在這兩週之前，他還是休士頓一所中學的教師。然而，他並

不是一個普通的教師，在道奇飯店度過第一夜，就開始了種種怪異的舉動。那天晚上，他一共洗了四次澡，四次披著浴巾，沿著大廳走到公用浴室，四次打開水龍頭，塗上肥皂。隔天凌晨，他又早早起床，跑去刷牙五次，每次間隔只有五分鐘。

他這麼做只有一個目的，飯店裡還有 75 個和他一樣的國會秘書，他要以最快的速度認識他們，認識得越多越好。

他這一招顯然十分有效。在華盛頓還不過三個月，這位新來乍到的人就成了「小國會」的議長。那是一個由眾議院全體秘書組成的團體，這對他未來的政治道路大有裨益。這招是詹森的殺手鐧之一，雖然他在電視上並沒有任何的吸引力，但是他卻能成為美國總統。專家們稱他的魅力並不在於一對多的電視演講，而是在於點對點交流時的個人風采。這套社交技巧被稱為「零售政治」。

就如同我們在制定年度目標時會將它分解為月度目標，再將月度目標細分為週目標、日目標一樣。詹森有一個巨大的夢，但是他並沒有因為這個夢的巨大而選擇那些足以壓垮自己的重磅目標，而是選擇逐個擊破那些容易上手的小目標，這些小目標日積跬步，為他持續鋪路，直到讓他走上總統宣誓的講台。沒有人會想到那個高高在上的人曾經僅僅為了結識一些與自己地位不相上下的秘書而不斷地假裝洗澡、假裝刷牙，赤身裸體四處流竄。但從結果來看，正是因為他能在所有人都忽略的細節中依然堅定不移地實踐自己的目

標，所以才最終贏得了成為總統的機會。

很多人都認為目標是具象而明顯的，但是唯有極度想要實現目標的人才明白，目標並不總像高山上的尖塔那麼引人注目又難以攀爬，而是綿密如絲地隱藏在各種細節當中。一部分人看不到，一部分人不屑於做，還有一部分人做了卻不能堅持，只剩下一小部分人對這些小目標逐個擊破，集腋成裘，在無形之中掌控了大局。

有些人大方向有目標，細節上很隨意。還有一些人大方向上有目標，細節中也有目標，往往看似無心，實則有意：

同樣是對他人表達關心，有些人只是客氣中伴裝關心，有些人卻能讓對方感到自然貼心、雪中送炭；

同樣是對他人表達感謝，有些人只是簡單道謝，有些人卻能運籌帷幄，把它改造為建立關係的最佳契機；

同樣是商務談判，有些人以為侃侃而談就能讓對方高看一眼，有些人卻在不露聲色的傾聽中看清了對方的底牌。

每個細節的背後都並非教養和習慣那麼簡單，在細節當中，我們能夠看到一個人的經營之道。隨意的行為只會讓很多事情有始無終，在細節中包含目標，才能讓我們的個人價值聚沙成塔。

人們在十五六歲的時候能力並無顯著差距，但是隨著年齡的增

長，差距會愈加明顯。在大事上，能力強的人和能力弱的人似乎高下立現，但是如果你有耐心抽絲剝繭就會發現，高下立現也必然體現於細節中。並不是因為能力弱的人做不好事，而是因為能力弱的人在做事時缺乏目標感，無法以更高的標準要求自己，長此以往，沒有一件拿得出手的成就。但對於能力強的人而言，每個細節都有小目標，每個小目標都是大目標的一部分，每個大目標都是自我成就的一部分。因此，他們不僅錘鍊了能力，也塑造了價值。

羅馬不是一天造成的，每個人在出生時都是一樣脆弱。唯有日復一日為了目標而持續精進細節，才把人們磨礪成了千差萬別的成年人。

03

過程導向的實踐

Serendipity[3]

我第一次創業的時候，完全是一時衝動，心血來潮。

工作經驗少，財力、物力少，專案方向尷尬，可能導致失敗的因素幾乎全佔了，但是做事的熱情替代了理性的思考，我依然與合夥人做得如火如荼。為了宣傳公司，我們開了一個微信官方帳號，想透過朋友圈傳播的方式增加用戶。當時我發現官方帳號的排版很

---

3 Serendipity：機緣湊巧。由彼德 · 契爾生執導的電影《美國情緣》，英文名亦為 Serendipity。

有意思，就把這部分工作承擔了下來，這無形中也讓我重拾了寫作。在營運的過程當中，每天研究各種運作手段，也讓我深刻地了解官方帳號的運作模式。

由於專案進展得不順利，我們進行了幾個月後就解散了。我進入了繼續工作還是繼續創業的十字路口。由於我之前官方帳號運作得不錯，名聲在外，每週都會有朋友跟我諮詢，企業如何用官方帳號進行推廣。但是他們實踐經驗匱乏，我跟他們講了之後，他們還是無法把企業的官方帳號做得很好。我當時靈機一動，是不是可以跟他們談合作？

於是我開始跟各個朋友的企業談，利用官方帳號代理經營的業務幫他們做企業的整合傳播。很快公司就有了現金流和新的員工，在許多線上行銷的專案上還能夠和第一線的公關公司同台競爭。

這件事讓我第一次理解，很多時候好機會的湧現並不是因為我們一開始功利地追逐運氣，而是因為自身在努力的過程當中無形地擁有了獲得好運的資格。

英文中有個單字叫作：Serendipity，與 luck 不同，中文中似乎沒有一個貼切的字可以翻譯它。它更強調意外而來的好運。有人說 Serendipity 就是你在草堆裡找一根針的時候，遇見了農夫的女兒。用中國的一句俗語來形容就是「有心栽花花不開，無心插柳柳成

蔭」。

很多人都認為意外好運是不受自己控制的，但是，我們也會看到，有些人一生好運連連，而有些人彷彿不那麼受到幸運之神的眷顧。所以，好運和一個人自身的行為其實是有很大關聯的，因此才有做好事以提升運氣的說法出現。我們所有利他的行為都像是一種對外在世界的創投，有些時候顆粒無收，有些時候卻回報驚人。

關於如何擁有意外好運，加拿大學者洛里‧麥凱‧皮特（Lori McCay-Peet）[4] 將這個過程分解為七個步驟：

第一，觸發點；第二，延遲；第三，連接；第四，後續追蹤；第五，有價值的結果；第六，在過程中發現意想不到的收穫；第七，意識到這就是 Serendipity。

對照此流程，那些偶遇卻修成正果的愛情和機緣巧合形成的合作關係，大都符合這七個步驟。拿後者舉例。

第一，觸發點。兩個人在某個場合認識，自我介紹後彼此印象都不錯，於是邊添加微信邊說以後有機會可以合作。

4　洛里‧麥凱‧皮特（Lori McCay-Peet）：加拿大達爾豪榭大學跨學科博士，研究方向為社群媒體資訊互動。

第二，延遲。回去之後如果沒有緊急的合作，一般不會馬上聯繫，但是這個人已經進入了某個領域的潛在合作者名單。

第三，連接。看到對方平時發一些行業觀點和資訊，感覺與自己觀念相投，有一類項目合作起來很合適，於是嘗試聯繫對方。

第四，後續追蹤。確認合作意圖後，啟動合作，並且在過程中彼此觀察。

第五，有價值的結果。合作取得了雙贏的成果。

第六，過程中發現意想不到的收穫。經過合作，發現對方在合作者當中信譽和品質是最佳的，於是準備未來的此類專案都與對方合作。

第七，意識到這就是 Serendipity。透過合作一起賺了大錢，會想起當初首次見面，感嘆：「原來這就是 Serendipity！」這個過程中的第一步是 Serendipity 存在的前提條件，而過程中每一步的推動，都讓 Serendipity 更多了一些。

梁寧曾經在部落格裡記錄了她當年被雷軍投資的過程。多年後她再反思自己當初的專案時，認為那是一次昏頭決策的創業。但她也開始思考，那樣魯莽的創業項目，雷軍本不必投資，他又為什麼

會做出這樣的投資決策呢？隨著多年的觀察，她得到了屬於她的答案，雷軍是一個擁有很高個人願景的人，他是一隻大鳥，需要很多羽翼，所以才願意和很多她這樣的初級創業者做個交情。

她所說的羽翼就是 Serendipity。一個人想有蓋世的成就，除了需要蓋世的能耐，也需要蓋世的 Serendipity，他與梁寧這樣聰明的後輩結緣，就是為自己儲蓄了很多個 Serendipity。真正大格局的人，會在前行的過程中不斷為自己鋪路。也許剛開始看不到這些路通往哪裡，但是某一天，這些路會將他送到他人難以企及的位置。

中國有一些古語，類似「但行好事，莫問前程」、「但問耕耘，莫問收穫」。這些話過於含蓄樸拙，以至於人們會將其透露出的規律輕易忽略。但這些話之所以長久流傳，是因為那些遵循此道的人真正從中受益，悟透了一個重要的道理：

如果你的過程對了，自然有屬於你的好運。

目標導向型思維VS過程導向型思維

如果你專注於成果，你永遠無法改變；如果你專注於改變，你會得到成果。

如果我們交友是為了讓朋友回報，就很難培養出真正的友情；

如果我們養育孩子是為了讓孩子報答，就很難營造出放鬆的親子關係；

如果我們幫助他人是為了讓他人報恩，就很可能從回報的不足當中收穫怨恨。

生活當中並不是所有事情都報以目的就一定能有所收穫，因為有很多事情的收穫並不在終點，而是藏在向前發展的過程中。目標導向會讓我們收穫成果的過程更有效益，但是有時過度的目標導向也會引發我們的短視行為，人們常常把這種特質叫作「功利」。在親情、愛情和友情當中，大多數人都不太願意見到對方身上浮現功利的特質。即便是個特別功利的人，在自己的親密關係中，也不希望對方對自己的出發點過於功利。某種程度上，人們在內心都會期待一種真摯長久的深情，否則青梅竹馬，兩小無猜，相濡以沫，除卻巫山不是雲，願得一人心白首不分離這樣的詞句就不會在我們的生活中大範圍傳播和使用了。它們包含的是一種穩定性很強的動態過程，過程既是收穫，也是美好的來源。**濃縮人漫長的一生，並非是一個個目的拼接而成，而是由一段段過程組合而成。如果對過程沒有敬畏感，人生不免會少很多悸動人心的風景。**

所以，生活中有很多重要的事物，恰恰需要我們弱化目的，強化過程。

事物的結構越複雜、越未知，就越難以明確的目標導向來解決，單靠目標導向型思維反而會導致我們的局部短視行為。例如，雖然一件事情很有價值，但是願景很模糊，很多急於求成的人會選擇放棄，也許會在幾年後猛然發現，自己錯失了一個重大機遇。例如有些人只圍繞目的進行社交，覺得對自己有用的人就畢恭畢敬，覺得沒用的人則置若罔聞，後來發現自己眼光不夠，忽視了不該忽視的人，勢利眼名聲在外，也越來越難以獲得紮實的社會關係。這些問題的出現都是因為人們在沒有看到一個明確的有收益的目標時，會對過程忽視甚至敷衍。所以，目標導向型思維更適合目標明確、資源有限、過往有方法可遵循的事情，它是一種線性的戰術型思維，能夠幫我們高效、集約地解決問題。

過程導向思維更適合策略層面的、方向有很大模糊性的、沒有太多先例可循的事情。就像新生兒的父母，他們不可能在孩子一生下來就給他訂未來的成功目標，只能在撫育的過程中觀察、探索、反思、定向。過程導向型思維更像按照一個流程和框架，去摸索，去積累，無法確定一個具體的實現時間，也不能保證事情按照自己所設想的方式發展，只能隨著正確的積累，逐漸浮現屬於自己的成果。成果有時不盡人意，有時候卻是令人欣喜的 Serendipity。

那麼，什麼樣的場景下更適合過程導向型思考呢？

長期堅持有價值，短期衡量無標準時用過程導向思維

過去的一年，你的情緒管理能力有提升嗎？

過去的一年，你對自己無用的慾望斷捨離了嗎？

過去的一年，你對事物的洞見變得更深刻了嗎？

過去的一年，你在他人心中的印象變得更好了嗎？

過去的一年，你的知識網絡變得更豐富了嗎？

……

以上所有特質，對於我們個人的發展都非常重要，但是我們卻很難以一個固定的標準來制定目標，更重要的是，它們的正反饋來得很慢，很多收穫的到來可能需要若干年的堅持。

因此，當一件事情長期有價值，但是短期效果難以衡量的時候，我們就需要以過程為導向。譬如，心智成長、思維成長、品格成長屬於此類，家庭成員之間的關愛與經營屬於此類，身體健康、皮膚管理屬於此類，人際網絡、個人口碑的搭建亦屬於此類。很多事情長期看來都意義非凡的，但是短期的堅持發揮的影響確實很有限。正因為短期堅持看不到什麼成果，才時常讓人忽略，以至於發現差距難以彌合的時候，已經追悔莫及。

我們常常聽到一些四五十歲的人跟自己的子女說：「我年輕的時候沒有好好讀書，吃了沒讀過書的虧，你可要好好讀書啊。」但

是他們的子女真的會好好讀書嗎？

其實這樣的人在年輕的時候大多也知道讀書是件好事，但是他們從不曾多花一點錢，多買一點書，每天騰出一個小時讀一讀。他們過去不會，現在不會，以後也不會，因為讀書相比看電視、打麻將等娛樂而言，得到正反饋的速度太慢太慢了。得不到正回饋，就無法充分享受這個過程，不能享受這個過程，就無法堅持下去。對兩個天資相同的人而言，一個人比另一個人多讀一本書，並不會給兩個人帶來區別；多讀十本書，頂多增加一丁點談資；多讀一百本書，會讓兩個人的談吐有所不同；多讀一千本書，會讓一個人的思考模式進化得與曾經完全不同。一旦思考系統不同，就會讓兩個人做出不同的決策，進入不同的社交圈，走出完全不同的人生。

如果一個人沒有真正意義上享受過讀書的過程，那麼他給子女傳遞的價值觀就是膚淺而功利的：「不讀書就會吃虧，就會混不好。」子女剛開始也是惶恐的，嘗試去讀一讀，但是抱著功利化的目的很難享受讀書的過程，讀了幾本之後收穫寥寥，於是把書束之高閣，還不如玩手機來得輕鬆快樂。

所以，如果當一件事情長期來看非常有價值，而短期又很難衡量成果的時候，我們就應該以過程為導向。在過程中提高完成它的品質，在過程中加快完成它的頻率次數，在過程中縮短完成它的時長。

想要提升自己的心智，那就在做每一件事情的時候多預習、多反思，跟心智更強的人多學習。

想要經營自己的家庭，那就學著在乎家人的感受，記住家人的生日與嗜好，創造與家人快樂共處的機會。

想要經營好自己的身體，那就從少吃垃圾食品，少油少鹽，經常運動做起。

想要經營好自己的人脈，那就重視自己的信譽，多為他人創造價值。

這些事情的過程都是非常細小而簡單的，一天不做、一次不做對我們來說毫無影響，但十年不做、二十年不做的負面結果就會難以挽回，嚴重影響我們的人生發展。只有當我們真正專注於過程的時候，才能受益於過程。

事情有明顯探索價值，
但沒有成熟經驗時用過程導向型思維

我兒時曾聽過一位十分特別的父親。

這位父親非常平凡，他是一位普通的臨時工，事業上沒有多大

成就。但是,他堅信自己的兒子是個有潛力的人才,與許多家長一味地按照自己的想法培養孩子不同,他想要給自己的孩子找一個更優秀的「富爸爸」。

他鎖定了家族裡發展得最好也最有文化水準的親戚。這位親戚曾經是一位教師,因為才幹出眾後來成了學校裡的校長,在整個家族裡也算是個了不起的人物了。他認定這個人一定比自己更會教育孩子,於是帶了很多禮物專程拜訪。親戚還以為他要求自己辦事,不免心裡有所防備,結果待他說出此行的緣由,親戚心裡竟十分感動。

這位父親對親戚說,自己一輩子沒什麼成就,錢沒賺到,也沒當到主管,但是覺得兒子是個有潛力的人才,想要好好培養培養他。他知道兩人的兒子年紀接近,問親戚能否讓兩個孩子經常一起玩,忙碌之餘,希望親戚能夠抽空指點指點自己的兒子,教教他如何讀書,如何為人處事。

親戚當老師這麼多年,見過溺愛孩子的父親、壓迫孩子的父親、冷淡孩子的父親,第一次見到認為自己當不好父親的父親。那個年代教育資訊匱乏,沒有多少父親真的在內心認為自己尚不具備當一個好父親的資格。他看著眼前這位望子成龍的父親,一口答應下來。受人之託,忠人之事,他常常讓兒子邀請這位父親的孩子來家裡玩,分享一些玩具、書籍等。在頻繁的接觸過程當中,確實給予了這個

孩子很多他父親力所不能及的教導。

後來這個孩子成功地考上了很好的大學，又取得了獎學金出國深造，成為這個平凡家庭的驕傲，也成為這個平凡小城的驕傲。人們常常請教這位父親是怎麼教育孩子的，這位父親很坦誠：「我一輩子沒有成就什麼事，證明我確實不懂怎麼成就事情，所以我覺得用自己的方法只會耽誤兒子，我有個親戚一直很有本事，兒子多跟著他學一定比跟著我學到得多。」

這是一位智慧的父親，他雖然沒有給兒子選擇一個優質的目標，但是給兒子選擇了一個優質的過程。他雖然並不知道兒子未來會發展成什麼樣，但是很明確地看到了什麼才是有價值的。於是讓兒子跟著優秀的人去學習和探索，最後獲得了超越自己原生階層的人生轉機。

不只人可以如此，公司亦可以如此。

越來越多的企業在啟動全新的戰略模組時，並不會把這個項目直接交予內部的具體部門以執行任務的形式來完成，而是會根據項目的特色在內部選定一個獨立的新團隊，或以投資、合資的形式孵化一個更合適的團隊，讓其脫離大集團的鐐銬，在自由的空間中充分發育。他們很明白面對新興業務，管理層對於這件事情的長期發展也並沒有充足的確定性和執行經驗，而憑主觀決策訂的目標由於

視角和經驗的局限性，往往很難適應實際情況的變化。而給予團隊在過程中探索的機會，讓不同的團隊在跌跌撞撞中嘗試錯誤、迭代，總結經驗，在充滿不確定性的道路中孕育新的機會，真正合理的願景便會在這個過程當中逐漸拼接成型。如果在一開始就定一個非常死板的目標，用老經驗管理新團隊，那麼整個團隊的思維很可能被限制在框架裡，受 KPI（關鍵績效指標）所累，反而無法很好地完成探索與創新。

所以，當我們確認出一件事情有探索價值，但是由於當下認知所限不能看清長期願景的時候，就需要以過程為導向，摸著石頭過河，在過程中體會和挖掘這件事情的價值與本質。等到走到適當的路口，有價值的目標自然會出現，那麼過往跌跌撞撞的積累在此時就會爆發出巨大的能量，從而創造出超乎預期的成果。

處在低谷期，能力與資源都較為匱乏時用過程導向型思維

人的一生總會有很多的波動性與不確定性，時而跌宕起伏，時而平淡無奇。我們有時會目標明確地向前衝，有時卻會陷入階段性的迷惘。清醒—迷惘—清醒—迷惘……就跟白天與黑夜的切換一樣，是我們前進過程中的常態。史玉柱曾說，你在順境時消耗的，是你逆境時的累積。就像我們起跳前要蹲下一樣，暫時的停滯是一個蓄勢的過程。也許目標會因為迷惘而變得模糊，但正因為如此，我們才更應當關注過程，此時此刻，過程的品質是我們唯一可以把

握的東西。

晴姐和小誠曾經是我的職場前輩，她們都是非常稱職的員工。晴姐在公司資歷深、口碑好，也是大家心目中公認的未來優先提拔的人選，所以她一直對此抱有信心，很少與上司溝通業務，總覺得自己的成就老闆看得見。後來終於有了一個升遷的機會，晴姐自信滿滿，覺得自己會順勢而上，沒想到機會居然落到了另外一位同事的手裡。晴姐等了三年，對於這樣的結果感到非常失落，她的鬥志一下子跌到了谷底，陷入了空前的迷茫。她開始變得消極，既不想換工作，又抗拒和主管溝通，選擇了消極工作、積極備孕。結果進入懷孕後期時，一位同事的離職創造了一個新的升職機會，如果沒有懷孕，這個機會只能是她的，然而她即將進入生產階段，這個機會只好給了資歷與她有差距的小誠。

小誠資歷淺，但是很上進，對上次的升職也抱有很大期望，但是最終也沒有爭取到。不過與晴姐不同的是，小誠在失敗之後加足了馬力，明顯工作做得更細了，成果也更好了，並且一改過去的內斂，經常帶著成績和上司溝通。因此這次小誠的升職，讓其他同事也覺得實至名歸。生產回來後，晴姐灰心地回到崗位上，依然保持過往的消極狀態。適逢上司更換，新的上司對她過往的績效很不滿意，於是將她調到了一個很邊緣的崗位，升職的機會更渺茫了，就連跳槽的優勢也大不如前。

有些時候人生就像水中行船，不知不覺就靠近了河流與瀑布的轉折點，如果不為自己的命運逆流勇進，就只能被流水帶入無底的深淵。

當我們剛進入職場的時候，由於面對的環境和技能都是全新的，在最開始的兩年可能進步飛速，但是第三年、第四年所有的工作都會進入熟悉階段，也就是我們常說的舒適圈。在舒適圈內，由於外界刺激的減少，進步速度會明顯下降。如果在第四年得到了提拔，增加了一些未曾體驗過的挑戰，便又會迎來為期兩年左右的飛速成長。所以，縱觀一個人的職場生涯，大多時候並不是線性向上的，而是台階式向上的。當我們處在平台期的時候，所有的思路、方法都會變得非常熟悉，資源、能力、視野也會停留在一個相對穩定的狀態中，加上新事物的刺激匱乏，更容易讓人增添很多莫須有的迷惘。相比高速成長期，平台期更像在「不得不熬」，舊有的事物令我們厭倦，熟悉的環境讓我們怠惰，甚至做事都不在狀態，彷彿還不如突飛猛進的階段。

這種感覺令人沮喪，但其實這是非常正常的，也是階段性成長後必然面對的一個環節。此時的我們不應當把眼光聚焦在「模糊」的遠方，而應當把所有的精力放在「清晰」的當下。有些人在迷惘之餘選擇了消極應對，放棄了一些有價值的努力，以至於在環境好轉、新的機會出現時不具備足夠的籌碼去爭取。但有些人能夠在機會萎縮的時候選擇接受緩慢、接受平靜，沉下來對過往的自己回顧

檢討、休整，韜光養晦，為新的機會做準備，而不是在焦慮中被錯誤的決定撞得頭破血流，更不是被消極的心態拖得一蹶不振。

目標導向思維更像打獵，我們需要不斷地確定目標，在適合的時候射出手中的箭。過程導向型思維更像種田，我們知道會有收穫，但是在等待收穫之前，必須非常認真地面對犁地、播種、澆水、施肥等任何一個關乎孕育的環節，即便會有天災人禍，也必須相信一分耕耘，一分收穫。兩種思維方式都有非常強烈的互補足的作用。前者讓我們在有限的資源中做到價值最大化，後者讓我們專注於過程，受益於過程，在耐心中等待時間的饋贈。

04

灰階思維的實踐

世界是靠理性運作的嗎？

我曾造訪過一家深藏在公寓大樓裡的日本料理店。店裡客人不多，老闆也是邊做菜邊跟食客們聊天。有一天晚上我加完班，到店裡的時候已經接近 12 點，店裡除了老闆，只有我和一位朋友。剛開始只是隨口請教他鰻魚有多少種烤法，他饒有興味地給我們介紹著，後來聊至興起，他講到了自己曾經在日本的學徒生活。

1980 年代的福建燃起了一股出國熱，他為了改善自己的貧困生活，決定去日本。到了日本後，他邊學日語邊在日本料理店打工，從學徒開始一路精進。後來他的廚藝被一個日本人賞識，聘請他做

自己日本料理店的店長。這位日本老闆業務繁忙，平時幾乎不在店裡，但他也會關心店裡的經營狀況，會不定期來巡店。不過，這位老闆有些特別，在每次巡店之前都會提前半小時給他打電話，告知他自己會來巡店。久而久之，他覺得日本老闆的這種行為很古怪，既然是巡店，肯定是為了找出店裡的問題，但是又提前通知自己，等自己準備好了他再來，不就什麼問題也發現不了了嗎？可是每次都這樣，似乎是刻意而為之的漏洞。

後來，與這位日本老闆一起喝酒時，他沒忍住終於說出了自己的不解。日本老闆笑了笑問他：「你覺得人出門之前為什麼總要照照鏡子呢？」

他回答：「給別人留一個好印象吧。」

「這個世界上，沒有人是完美無瑕的，即使是長相醜陋的人也希望別人看到更體面的自己。我如果臨時突擊巡店，也許很快就能看到你和店裡人的缺點，但你們會因為自己不夠好而感到懊惱。我不希望我的店長覺得自己在老闆心中不夠好。我很明白店的好壞在哪裡，但我相信你更明白。也許你只是 80 分的店長，但是我給你半個小時，讓你成為我心中的 90 分店長。」

老闆言及此處，眼睛竟有些濕潤，轉身從倉儲室裡拿出了一大箱啤酒，從中開了一瓶給我們倒滿：「這種信任啊，太不一樣了，

我到現在都記得。後來啊，我確實……做得挺好……做得很好……」他嚥下一大口啤酒，彷彿用力沖刷著曾經那些拼命的日子。

　　這個場景給我的印象很深，很多年來我都會從腦中提取出來，反覆咀嚼。我不斷在想，是什麼在管理當中扮演了最大的角色。很長一段時間裡我認為，管理管理，管的是「理」，於是我也用所謂的客觀真理管理員工，用大道理壓迫員工。但後來我漸漸明白，**人類的世界沒有什麼比人更重要，如果一味地將理凌駕於人之上，是管不好人的**。這個世界之所以如此美好又如此混亂，就是因為人們並非因為理而存在，而是因為追求自我滿足的情感而存在。所謂照顧面子、留面子，有些時候是一種迂腐的妥協，但是更多時候是充分地意識到了此情此景之下情在理之上，顧情才能更好地解決一切。

　　這位日本老闆，在理和情之間，選擇了半小時的灰階。雖然搞突襲得到的結果非黑即白，一目了然，但他並未選擇如此，而是讓自己的檢查不僅局限於好壞的論證，更是一種信任的表達，讓員工更想要在老闆面前贏得尊重。有句話叫做「好孩子是誇出來的」，也許在我們的天性當中，更容易順應外部的定義與暗示來打造自己的角色。這位老闆的哲學亦是如此，給別人做好人的機會，他就更傾向做個好人；定義別人是壞人，那麼壞就像玻璃上的裂痕，只會越來越深。

灰階：我們對世界的容錯度

這些年灰階思維十分流行，但也有很多人認為灰階思維就是不分黑白，沒有原則，其實這是對灰階思維的一種誤讀。如果我們做事不分黑白，那麼難免觸碰道德雷區；做事沒有原則，就無法與他人以共同的標準協作。如果世界可以用非黑即白的二元標準定義和管理，那麼世界就遠比我們所看到的簡單。任何事物的發展都有循序漸進的過程，很多時候都是在正確與失誤之間徬徨運行。因此，真正意義上的灰階思維是一種深刻洞察了現實動態性的思維策略，它給予了過程更大的探索空間，在風險可控的前提下，讓我們面對人和事物時，具備合理的容錯度。

個人對自己的態度，個人對他人的態度，集體對個人的態度都需要具備灰階思維，然而，真正能把灰階思維做到知行合一並不是一件容易的事。

我們大多數人在成年之前接受的應試教育，本質上是一種低容錯的模式。因為每一次考試都有標準範圍、標準方法、標準答案，在已經被告知正確路徑的前提下，選擇挑戰或創新是高風險、低收益的。在考試中，並不會因為你對難題的解法更有效率、創新而給你高分，反而有可能因為這不是標準答案而扣掉全部分數。所以很多盛產學霸的學校裡，錯題本是很流行的一種工具，目的在讓學生不斷提醒自己是如何犯錯的，以減少下一次犯錯的機率。從考高分

的角度來說，這是一個好手段；從看待錯誤的角度來說，它潛移默化中不斷強化了我們對於犯錯的恐懼。

人是環境的產物。譬如，學生在學校裡氣質都是類似的，但是畢業後進了不同的公司，五年後再看就會大有不同，外商的有外商的氣質與價值觀，機關單位的有機關單位的氣質與價值觀，創業的有創業家的氣質與價值觀。我們會被自己所處的環境所訓練，在環境的激勵與壓力下不斷演化，演化到與環境相處舒適為止。所以，即便校園生活與社會生活的差距非常大，但是連續十幾年應試思維對我們的改造也是不容小覷的。在連續十幾年的世界觀塑造期，我們不斷被強化創新是具有風險的，犯錯是損害成果的，努力是有回報的，問題是有標準答案的。這會讓我們的精神與行為在多變的狀態中缺乏安全感，因為我們已經習慣了看待答案標準化，看待成敗極端化，看待錯誤厭惡化。

但是進入了社會，我們面臨的是更多元的環境。如果以上三點成為我們思維的烙印，我們將無法正常看待現實。當現實與心中的標準不符時，我們會痛苦地透過自己的主觀思維扭曲現實，以適應自己的固有觀念。例如，不符合我們個人喜好標準的人和事，我們傾向於否定；自己不能夠成為同齡圈子中的佼佼者，就認為自己是失敗的；在面臨各種形式的選擇時，充滿壓力，因為犯錯在我們的心目當中代價太大了。

這都是我們對於自己和外在環境缺乏容錯度的體現，如果這些問題不加以改進，我們便無法客觀靈活地應對現實，從而也吃不到現實環境帶給我們的人生紅利。

「水至清則無魚，人至察則無徒」、「難得糊塗」都是關於灰階思維的典型描述。灰階思維強調的是人們對於多變的現實情況的適應性。我們不能用思維中固有的黑白作為所有問題的評價標準和解決方案，更應當看到 0 和 1 之間，有無窮無盡的可能性，而每一個可能性，都是一個灰色的刻度，都適配上一個緊貼現實的解決方案。從這個角度出發，我們能給自己的發展和改變得以喘息的空間，也會在人與人之間、人與機構之間，建構更健康的連接。

管理的灰階：把員工當人，而不是聖人

兩年前我去朋友的公司，她的公司有 30 人，也算是規模不小的小型公司了。除了密集的員工辦公區，她還有個寬敞漂亮的屬於自己的辦公室，辦公、會客、健身，功能俱全。然而，我去找她的時候，發現她竟然在最密集的員工區辦公。我調侃她：「我辦公室要有你的辦公室視野這麼漂亮，每天絕對是躺在裡面不亦樂乎啊。」她笑了笑說：「你以為我不想啊，但是現在的年輕員工不好管，都很散漫的，我坐在他們中間，比較有震懾感，他們乖一點，幾乎沒人敢在上班時間發微信、刷微博。」

「哈哈，你這麼一說我可不敢給你打工，我上班還是會刷一下微博、微信的。」

「我也刷啊，我打工的時候每天也刷。」

「那你業績還那麼好！」

「結果好不就行啦！再說了，做銷售的壓力那麼大，每天總要放鬆一下。」

「哈哈，那你還把員工逼這麼緊！偶爾摸魚也是人之常情嘛。」

「這倒也是，可能是我太焦慮了……」

「如果老闆跟佛似的坐我旁邊，盯著我工作，我肯定全身不舒服，就跟考試的時候老師盯著做題一樣，緊張啊。再說了，每天來上班，開心很重要，大家偶爾想開個玩笑、發個零食緩和一下氣氛，看見老闆坐在那板著臉，也肯定憋回去了。」

「你這麼一說好像有點道理。我本來想搬到這邊，環境好一些，大家心態更好，但是自從我搬到他們中間，這個辦公室啊，真的是低氣壓，而且我心情不好的時候，整個辦公室氣壓更低，我的情緒也受影響。」

「對啊，你一個人待自己的辦公室裡也放鬆啊，當老闆的也需要專心致志想點大事嘛！」

「哈哈，有道理。」

後來這位朋友就把座位搬到了自己的辦公室裡，享受著 CBD 的絕美視角。過了一陣子她見我時分享了調整後的感受：「確實需要和員工分開坐，一方面給他們寬鬆的氛圍，工作更開心，另一方面我也更放鬆更少焦慮了。以前總是忍不住糾正他們的一些細節，現在眼不見心不煩，反而一個人的時候更容易深度思考一些問題。」

中國有句老話叫作「睜一隻眼，閉一隻眼」，卻沒有細說睜的一隻眼用來做什麼，閉的一隻眼用來做什麼。其實我們睜的一隻眼就是用來看目標、看價值、看利益、看底線，閉的一隻眼是給別人一些權利、一些信任、一些發揮的空間，同時能夠關閉掉那些影響我們理性思考的負面因素。如果我們兩隻眼睛總是睜著，那麼眼前就是價值因素和情緒因素在打架，使得價值因素無法正常發揮作用，情緒因素也讓自己耗出內傷。

非黑即白的理性管理是非常必要的，但是能運用灰階思維做到感性管理，是一種更高階的能力。黑與白之間的灰階，包含了許多管理者本身無法用理性評估與管理的因素，例如員工的幸福感、自由度、歸屬感、信任感，這些東西都不是理性的指標能夠體現的。

而判斷一家公司的優劣之處，就需要看那些看不到的東西是如何被
管理的。

方向的灰階：寧可要模糊的正確，不要清楚的錯誤

任正非曾說：「一個清晰的方向，是在混沌中產生，是從灰階
中脫穎而出，方向是隨時間與空間而變，它常常又會變得不清晰。
並不是非白即黑，非此即彼。」

這個概念不僅適用於企業策略，也適用於人生策略。

Kevin 是我的一位朋友，他曾經在一家日薄西山的公司工作。
這家公司曾經也是領域內的先行者，但隨著市場的變化，不僅行業
規模在縮小，公司也一年不如一年。同事們怨聲載道，各自的薪資
和獎金也因此少得可憐。此時 Kevin 做出了一個決定，跳槽去一家
創業型網路公司做營運。周圍的同事都勸他說：「我們公司好歹是
個大廠牌，你去那麼小的公司，薪水又低，還不知道老闆什麼風
格，未來風險太大了。」但 Kevin 去意已決，降職降薪，入職了該
公司初級營運的職位。由於他勤勉努力，小公司的制度限制也少，
Kevin 很快就成了這家公司的營運總監。不幸的是，後來這家公司
因融資不利而倒閉了，但幸運的是，他在公司倒閉之前跳入了一家
更大的網路公司。由於過往的優秀經歷，他依然擔任營運總監的崗
位，薪水加倍，還分到了不少的選擇權。

「其實當時進入那家小公司，我也非常迷茫，畢竟放棄的東西很多。但是在原來那家公司，我知道繼續做下去的結果是什麼，那不是我想要的。換工作的時候也找了很多公司，都因為沒有充足的行業經驗被拒絕了。我非常想入行，那家小公司是我唯一的選擇，所以薪資都不敢多要就入職了。現在想來，相比模糊的正確帶來的不安全感，清晰的錯誤才是更可怕的。」

Kevin 相信趨勢的力量，即使這種趨勢當下沒有以最完美的形態展現，但是只要它是對的，自己就能從與它相伴的過程中得到什麼。在老廠牌，行業的頹勢不是他個人可以力挽狂瀾。既然這樣，不如破釜沉舟，選擇一家新領域的小公司。雖然這家小公司規模有限，朝不保夕，但是他因為這個以退為進的決策而進入了全新的軌道，改變了自己的職業發展路徑。

所以，在正確的路上犯錯，遠好於在錯誤的路上求正確。前者做錯了收穫的是經驗，做對了迎來的是跨越；後者做得越對越是桎梏，讓我們在越走越錯的沉沒成本當中再難跳脫。戰略層面的路線探索，務必接受一定的灰階，這份灰階是我們在探索正確路線過程中的糾錯空間。在不斷糾錯的過程當中，我們的標靶範圍會不斷縮小，從大圈一步步變成小圈，再從小圈一步步變成極為聚焦的點，從而最終收穫足夠精確的路線。

關注圈的灰階：不要在無謂的對錯中消耗生命

記得小時候與朋友們看《還珠格格》，當時的我認為小燕子是裡面最漂亮的，然而我的朋友認為紫薇是最漂亮的。於是我們搬出各種理由，力證自己的觀點是正確的。結果此時跑來一個男生說：「你們知道嗎，我們男生覺得金鎖最漂亮！」

「啊！你們真是好沒品味啊！竟然覺得丫鬟漂亮！」

就這樣，幾個人開始了新一輪的爭論，爭論了一天到底哪個角色比較漂亮。結果是，誰都堅持己見，誰也沒說服誰。

長大後再想起這件事，除了覺得有趣之外，還會聯想到一句電影台詞：「小孩子才分對錯，成年人只看利弊。」這句話武斷得很，不過事實上，隨著人漸漸長大，確實不再會像小時候那樣，在無謂的對錯中消耗生命。因為誰都明白，堅持和放棄任何一個觀點都不會影響當下的人生。成年人已經在心智當中開始區分，什麼是影響生命的事，什麼是不會影響人生的事。

關於如何區分兩者，《高效能人士的七個習慣》裡曾經列出了關注圈和影響圈的概念。我們能夠透過個人行為改善的，是影響圈，例如家庭關係、工作成果、健康管理、人脈資源、個人理財等。這部分只要我們努力，都會有一定程度上的改變，它們也會影響我們

的人生。關注圈的事物則是我們無法透過個人行為改善的,例如,陌生人的家庭矛盾,明星之間的恩怨情仇,某某公司的政治八卦,等等。關注圈的事物常常是我們的談資,但幾乎沒有為我們的生活創造任何具體的價值。

不過,不得不承認,在資訊時代,我們的關注圈被擴大到一個前所未有的範圍,以至於擠佔了我們本可以花在影響圈裡的大量時間。每天清晨打開手機,各種新聞彈出界面,各種 KOL(關鍵意見領袖)爭奇鬥艷,雖然手握一塊小小的螢幕,但是頗有皇帝親政,點評天下大事的儀式感。輕輕一滑,名人的一舉一動,翻天覆地的口水戰,潸然淚下的感人故事全部像大風一樣撲面而來。這種力度很容易讓我們捲入其中,成為貢獻輿論力量的一分子,抖出自己的機靈,表達自己的憤怒,批判他人的觀點。但是對於這些資訊的製造者——大多數媒體工作者而言,他們主要的工作目標就是增加作品的點擊量,透過「收割」注意力兌換商業價值,而對事物的判斷也很容易因為數據的驅動而發生變化。

因此，面對新聞時，如果我們既不能跳進當事人的環境裡，也缺乏有效的取證，就很難真正理解真實的狀況。在這樣的狀況下，我們會看到很多網友選擇了相信自己願意相信的觀點，並且把大量的時間花在了爭論對與錯、好與壞上面。然而，當我們拉長看待事物的週期，以 5 年、10 年，甚至一生來看，那些對錯難分的事情總會隨著時間的推移讓真相浮出水面，那些讓人們為之爭論得面紅耳赤的，覺得難以忽略的事情，都會在某一個瞬間被新的話題擦拭掉，更換為新的爭論。而我們被這些短暫又無法影響自身的事情所吸食的能量，卻再也不會回來。

所以，無論是網路上或現實中，面對那些難辨真假的訊息，不看也罷。不評價也罷，不爭論也罷，如果它們真的重要，一定會被時間篩選出來，一步步接近真相，體現價值；如果毫無意義，就會像流沙一樣從我們的指縫間滑走，好似從未存在過。與其把精力花在關注圈事情的對錯上，不如把精力花在影響圈事情的精進上。面對那些離我們太遙遠，目前又無法明確判斷的事情，不妨用灰階思維給自己一種客觀的視角，保留一些糾錯的空間。無論是價值或對錯，都會在距離與時間的滌蕩當中水落石出。而節約出來的精力，大可用來面對自己可以影響的，與自己的未來休戚與共的事情，畢竟對這些事情擦亮眼睛，才能讓夢想照進現實。

05

交易思維的實踐

欲取之，先予之

有一位經營企業家組織的朋友曾請我幫他的機構介紹一個做新媒體營運的人。這個新媒體營運人員一方面需要透過新媒體的方式對企業家的思想和活動進行輸出，另一方面需要協助團隊籌備一些活動會議等。

於是，我想到了一位剛好在求職的朋友，欣欣。在了解這份工作的性質之後，欣欣兩眼發光，異常興奮，跟我說她這兩年共事的同事，無論主管還是夥伴，都是沒什麼社會資源的年輕人，如果有能跟企業家打交道的機會，真是求之不得。

　　欣欣面試也算順利，很快就入職了。但過了半年後，朋友突然問我：「能不能再幫我找一個新媒體營運。」我問怎麼又要找人，他說欣欣想要離職。既然這麼快離職，想必至少一方有不滿之處。於是我問朋友，欣欣在這裡工作得怎麼樣，朋友坦言告知，他認為欣欣來這裡的目的不純，工作沒有可圈可點之處，卻緊追著跟各種企業家打交道，這種過度的社交，讓他覺得不是很舒服。

　　聽了他對欣欣的回饋，我也覺得欣欣有些不妥，但還是想了解究竟，於是我就把欣欣約了出來，跟她聊了聊離職的事。欣欣告訴我，她覺得目前這份工作性價比太低，就是拿她當廉價勞工。市場上她這樣的新媒體營運現在都可以拿到 1.5 萬元的薪水，但是她卻只能拿到 1 萬元出頭。雖然打交道的都是企業家，但她現在覺得都是虛的，互動了半年並沒有為自己帶來什麼。

　　「這半年你有寫出爆紅文章嗎？」

　　「沒有。」

　　「那你的工作重點是什麼？」

　　「其實現在我也不怕跟您說，如果想做新媒體營運，我是不會來這裡的，來這裡是希望見一些大人物，能給事業一個跳板。」

「嗯，那人脈建立了嗎？」

「只能說認識了吧，其他的也沒給我帶來什麼。」

「那你現在又要換工作，拿著你在這裡的作品跟他們談，你有信心讓他們之中的某些人給你 offer（錄取通知）嗎？」

「這樣對我現任老闆不太好吧？」

「那……你的老闆滿意你嗎？如果下一份工作需要做背景調查，他願意為你真心實意地說好話嗎？」

欣欣沉默了，低頭抿了幾口咖啡：「我覺得我確實不夠讓老闆滿意，可能是這裡的工作確實不能滿足我的訴求吧。也許您覺得這份工作最重要的不是工資，但是對於我來說，每個月房租太高了，對於收入比我高的同學，我也感到羨慕。所以，換一份工作是我目前最好的選擇。」

我理解她對於生活品質的訴求，所以我停止了試圖「教育」她的想法。

很多人不知道「被認識」和認識之間到底有多遠的距離，可能會遠到，我認識蒙娜麗莎，但蒙娜麗莎永遠不會認識我一樣。對一

個職場小白而言，最重要的不是你認識誰，而是誰能認可你。如果欣欣能在過去的半年中寫出幾篇爆紅文章，這幾十個企業家都會看到她的專業實力；如果她曾在過去的半年中做過幾場有品質的企業家專訪，也會讓這些創業家刮目相看；如果她的每篇文章都精益求精，超出同業水平，所有人都會欣賞她做事的態度。她只想認識這些企業家，期待得到他們的提攜，但是她沒有想過，怎麼做，才是企業家眼中發光的年輕人。創業家都是經過各種磨練，「吃過見過」的人，想從他們身上撈好處的人太多了，一個資質平平的年輕人又如何能激發他們的興趣？

欣欣 1 萬多元的收入與同行的 1.5 萬元差了近 5000 元，這 5000 元是選擇這個特殊平台的成本，換來的是與更加優秀的人接觸的機會。同儕想要跟自己企業的老總搭個訕都是很難的，她卻可以透過寫作與活動的形式頻繁地與這些企業家溝通。可惜的是，她沒有把精力放在展現自己實力的舞台上，而是放在了私人交往上。私交上的稚嫩與工作當中的敷衍，讓她無形中背上了不專業、不稱職的標籤，也讓那些潛在的機會在他人的差評當中默默飄散。

很多人以為，機會之所以損失，是因為機會到來時自己沒有牢牢抓住，但其實更普遍的現象是，很多機會在走向他們的路途中就已經返程了。沒有人會真正意識到這一點。這，才是損失最大的部分。

很多人困擾，為什麼別人就撞了大運，有貴人提攜，而自己卻始終單打獨鬥，獨木難支？這其中有一個很重要的能力差異，就是我們是否能夠有效地建構和經營自己的人脈。

我們平日看到的房、車、現金都是有形資產，而建構人脈和經營人脈的能力是一種無形資產。既然我們將其定義為資產，便可以再度引用《富爸爸，窮爸爸》裡面的定義：資產就是能為你產生現金流的東西。它不是靜態的，而是動態的，是能夠在市場上進行交易的。

所以，想要擁有有效的人脈，前提是擁有優質的交易思維。這跟會計報表一樣，有借有貸，而不是把你想要的東西，當作免費的。

知乎網站上曾有個熱鬧的討論：畢業於名校，竟然買不起房，這個世界怎麼了？底下不乏支持者。但是放眼任何一個國家，查詢任何一本教材，都沒有一條規律叫作有知識就等於有錢。只有我們的知識創造了價值，我們才有資格拿到對等的財富。只有我們的個人價值流動在這個市場上完成交換，才有更多的貨幣進入我們的帳戶。所謂交易，就是交付與兌換。我們有了可以交付的價值時，才能兌換自己想要的東西。所以，我們的市場價值並不是學歷和自己的主觀意願裁定的，而是由市場裁定的。

同樣的情況並不少見，我們在瀏覽各種網站的時候，也會被各

種各樣關於「我理應得到」的問題佔據整個螢幕。

如何能夠嫁進豪門？如何能夠遇到貴人？如何搞定大佬？如何一夜致富？

但極少有人問，我該向這個世界創造些什麼，世界才能認可我？

欲取之，先予之，予在前，取在後；捨得捨得，捨在前，得在後。

這兩句話明明白白地告知了世人「得到」的智慧，但是人們偏偏不願相信，而是想要透過捷徑，擄獲那些與自己不對等的東西。

我們出生時，世界並不欠我們什麼，但是當我們為世界付出的時候，世界已經開始「欠」我們了。

明白這一點，才算完成了交易思維的入門。

對別人的付出定價

很多人有過這樣的經歷，找了個熟人幫忙，熟人答應的時候很果斷，結果做的時候拖泥帶水，你也不好意思要求他，只好等他慢吞吞地做完。等到交付給你的時候，你發現做得也不好，但是礙於

情面又沒辦法直說。

在網路上，我們也會經常看到婆媳關係的案例。生了孩子，婆婆來帶，但是由於兩代人觀念的差距，長輩與晚輩的輩分禮儀，很難像在職場上一樣完成相對直接的溝通，而是在情緒的撕扯中最終發展成彼此的怨念。

解決這兩種問題可以用同一種方法，事前確定回報，連帶回報說出自己的標準。

對方一旦接受了我們的「感謝費」，就相當於在原有的關係之外建構了另外一層關係，那就是僱傭關係。他就不得不打起精神，按照工作的標準來做，你在過程中會更有話語權，最終的結果，對方也會相應比較負責。在讓婆婆帶孩子之前，先給她育兒的「辛苦費」，談清楚你對於育兒話語權的要求，大多數人都會因為你在經濟上給予的補償而對你的話語權有更大的尊重。

當然，這兩個案例都是我們主動需要別人幫忙，很多時候，我們是被別人幫助的。

朋友很擅長理財，推薦了兩支股票給你，聽了他的建議，你確實賺了。

朋友介紹了一個生意，你談成了，從中賺了不少。

朋友是個學霸，將各種科目的學習筆記免費分享給你，讓你在學習中省了力。

朋友是個社交達人，帶你進入各種圈子交新朋友，讓你打開了眼界。

朋友和你是忘年交，常常給你分享各種人生經驗，讓你少走了不少彎路。

這些東西看似免費，實際上很貴。他與你分享的，正是他資產的一部分。有些人會認為，他不就是隨口一說、隨手一推嗎，對他來說並不費力啊！但他分享給你的這些資源，是他曾花了時間、精力、金錢換來的，不幫你一把他沒有任何損失，但你的損失可能是巨大的。所以這個定價體系並不是根據別人分享時的難易程度定的，而是根據你的受益程度定。就好像巴菲特的天價午餐，一頓牛排不值錢，但是拍賣者需要花大錢，因為這買的不是一頓飯，而是巴菲特面對面的思想真傳——巴菲特無形資產的一部分。

我們常常會把有形的東西定義為需要回報的，無形的東西定義為不需要回報的。別人請我們吃飯，幾百幾千我們會回請，但是別人提供資訊，有些人會覺得這是免費的。別人提供資訊的時候，往

往是有潛在的回報預期，如果我們不能做到優質資訊的交換，便很難持續透過別人的資訊獲益。這也是為什麼圈層越向上，訊息越向下封閉，因為訊息不存在不對等的流動。

我們在面對別人提供的幫助時，只要是讓我們受益的，都應當銘記在心，並適時地予以對方回報。

如果我們回報了，相對不回報的人，對方印象會更深刻；如果超預期回報，那麼我們會在這段關係中反客為主，成為對方願意回報的人。有些人的生存邏輯是，我不喜歡麻煩別人，也不喜歡別人麻煩我。還有一些人則是，我會麻煩我想結交的人，然後回報我想結交的人，讓對方在我這裡收穫兩次：第一次，樂於助人的人設；第二次，充分的回報。這個過程中，關係也自然而然地建立起來了。

做別人的貴人

勢敗休雲貴，家亡莫論親。
偶因濟劉氏，巧得遇恩人。

這是《紅樓夢》裡對王熙鳳女兒巧姐的判詞，判詞中第二句「偶因濟劉氏，巧得遇恩人」道明了鳳姐與劉姥姥之間的命運流轉。

劉姥姥拜訪榮國府時，得到了鳳姐得體的優待。不僅體貼關心

其飲食，而且出手闊綽，第一次就給了劉姥姥二十兩銀子，足夠鄉下人一年的開支。由於鳳姐的原因，劉姥姥得以二度拜訪榮國府，更受到賈母的款待，並且被親切地稱為「老親家」，還因為此次的拜訪得了王夫人一百兩銀子。

王熙鳳在富貴之時一定想不到，自己種下的善因為自己帶來了善果。賈府被抄家之後，劉姥姥忠肝義膽，並未置身事外，搭救了鳳姐的女兒巧姐，給巧姐一個安穩的後半生。

一開始，鳳姐是劉姥姥的貴人，讓一介貧民的劉姥姥有機會攀上富貴家族，然而賈家落敗之後，劉姥姥身份逆轉，成為解救巧姐於苦難中的貴人。

很多人都認為貴人是強於自己的人，其實不然。

一個人再優秀，如果他不願意與你分享資源與機會，那他也不是你的貴人。

一個人再普通，如果他曾經為你創造過某個重要機會，那他也算你的貴人。

例如你是一個年薪 40 萬元的人，一個年薪 10 萬元的人正好看到一個年薪 70 萬元的很適合你的機會，並且把這個機會分享給了

你，最終事成，他就是你的貴人。

人在沒有社會資源的時候，往往熱衷於攀緣那些更有社會資源的人。但是很多獲得了巨大成功的人，除了與同等資源的人交往，也非常願意提拔那些有潛力的後生。拼多多創辦人黃崢在短短幾年時間裡，創造了一個數百億美元市值的公司。在接受媒體採訪的時候，黃崢總是會提到他的師傅——段永平。段永平曾經拍下巴菲特的天價午餐，旁邊帶了一個年輕人，那就是26歲的黃崢。不僅如此，段永平也間接推動了 OPPO 和 VIVO 的成立。許多人將段永平比喻為《出埃及記》中的摩西。在他的帶領下，一群南下尋找機會的年輕人，突破階層藩籬，從一無所有走向了財務自由。OPPO 創辦人陳明永、VIVO 創辦人沈煒、步步高 CEO 金志江、拼多多創始人黃崢，是他最為知名的四大門徒。對許多創業家而言，並不是因為他們功成名就所以提攜別人，而是因為他們提攜別人才更容易功成名就。

古人云：「賈人夏則資皮，冬則資絺，旱則資舟，水則資車，以待乏也。」洞察人脈資產真諦的人不會病急抱佛腳，而是在自己力量微弱時，就能看準身邊那些有潛力、有能力的人，透過對他們的幫助，建立與自己的連接，搭建自己的人脈網路。

社會關係常常是在「你用用別人，別人用用你」的過程中建立的，表面上僅僅是一種協作，但更深層次的，是彼此試探與判斷。

張三很可靠，李四有信用，王五能力強，馬六人脈廣……隨著試探的加深，你會在對方的心中形成一個由各種標籤組成的拼圖，拼圖中利他的成分越大，別人就越願意與你合作，反之，走到某個臨界點，就會合作者寥寥。

為何？

人們為了保護自己的周全，都會盡量選擇風險最低、收益最高的合作夥伴，而且這樣的一種原則，越是在不確定性的環境中，越能夠體現。常年在大公司裡的人，由於已經有了一個固定的晉升機制，在積累人脈上面花的時間會比較少，但是一旦進入企業家領域或者自由職業者領域，往往會對別人的潛在價值高度敏感，也會更樂意用做別人貴人的方式，來建設關係，為自己的日後發展鋪平道路。

在我創業之初，曾有一位朋友對我幫助頗多。一開始他就跟我說，千萬不要輕視那些現在比你年輕、比你弱小的人，雖然他們目前能為你做的事情有限，但是如果他們心裡有股勁，就會走在越變越強的路上。人都有不小心走窄了的時候，那麼之前累積的福報就可能在此時發揮作用。

慷慨是一種很隱密的野心，它總是藏在那些擁有遠大抱負的人身上。

07

第七章

用科學的方法優化人脈

01

向上的必要引力：與高手過招

我想複製你身上的能量

　　曉曉是我大學時期認識的女孩，當時的我頂多想想去哪裡找個實習，賺點零用錢，但是曉曉已經開始用自己的方式規劃人生。走在北京的大街上，看著燈火霓虹，我們聊起了關於未來的想法。她對我說：「大學畢業，一份工作只能賺 6000 元，在企業裡按一年成長 20% 算，照這個模式，自己一輩子也不會在北京過上好日子，所以要找到更快的進階路徑才值得留在這裡。」當時的我沒有算過這道計算題，也沒有想過什麼才是更快的進階路徑。大學畢業後，每個人都有了新的港口，曉曉進了一家外商，成了一名月薪 6000 元的白領。除了努力工作，談戀愛也沒落下，不過，她每次談戀愛

的過程都很特別，每一任男友都像一個貼身的「學習模板」。

她交過什麼樣的前男友呢？為了釐清他們的次序，我姑且以ABC 作為代稱。

A 是曉曉大學時候的男朋友，一家外商的管理實習生。那時的曉曉對於畢業後要做什麼還是比較迷茫的，恰好認識了 A 學長。A學長常常會在茶餘飯後跟曉曉講一講各個崗位的區別是什麼，企業裡的員工訓練都講了些什麼，不同的人是如何做自己的職業規劃等等。當時的曉曉除了忙於自己的學業，並不會纏著 A 逛街、購物、做美甲，而是會纏著他研究他的工作，甚至幫他做一部分工作，學著站在他的角度考慮問題，宛如貼身助理。這種手把手教授的鍛鍊過程讓她受益匪淺，以至於無論是找實習還是做實習工作，能力堪稱所向披靡。

與 A 分手後，曉曉認識了 B，B 是網路創業家。她認識 B 的過程也頗為神奇，她在報導裡看到 B 的專訪，後來又看到他在招募助理，就以助理身份應聘，沒多久 B 就成了她的男朋友兼老師。曉曉除了對自己的本職工作盡職盡責之外，還經常花精力研究 B 所從事的領域，與 B 討論創業過程當中的思考與問題，學著幫 B 出謀劃策。這段戀愛讓曉曉考慮問題的格局更上層樓，那就是老闆思維。

與 B 分手之後，她又認識了 C。C 可謂青年才俊，在投資方面

頗有心得，像是天才型選手。在曉曉與他相處的過程中，最喜歡做的事就是跟他學習如何投資。在這位男友的帶領下，曉曉為自己賺得了第一桶金，獲得了豐厚的不動產和流動資產。

更有趣的是，每一任男友與她分手後還可以和平相處，偶爾打電話討論事業與工作。這是絕大多數人與前任做不到的事。

跟我在一起時，曉曉總是很直接地分享自己的想法：「別的女生談戀愛要車子，要房子，要無窮無盡的愛。而我想要的是一種可以牢牢抓住的能量，它屬於我，不屬於別人。」

「你啊，這叫和高手過招，一路下來水平越來越高。」我笑道。

「是啊，你欣賞我，我欣賞你，共同進步多好。何必成天你儂我儂，愛得傷筋動骨。」

「先明白自己想要什麼樣的生活，再選擇談什麼樣的戀愛，本末倒置只會扭曲生活。」

「哈哈，你的摩羯病又發作了！」曉曉調侃道，「其實啊，無論嫁什麼樣的男人，終歸自己的生活需要自己負責。」

我們每個人都是社會性動物，一生中必須用大量的時間與社會

上的人和資源完成協作。我們的協作對象高效能與否，也會直接影響到我們自身的效能發展與協作成果，所以才會有「和臭棋簍子下棋，越下越臭」的說法。我們的陪練一定程度上決定了我們的進化效率。因此，**不斷尋求與高手過招，就是不斷尋求進化環境，讓我們在更高效能的環境中完成單靠自身無法完成的進化與晉級。**

那些「潤物細無聲」的影響

人與人之間的影響遠比我們想像中深遠。

相處 10 年以上的夫妻，不管他們相愛之初的差距有多大，在這 10 年當中，為了關係的融洽與減少摩擦，都會在自身的忍耐範疇內最大限度地向對方妥協與靠攏，甚至連表情紋都越來越接近，形成所謂的夫妻相。無論是優點或缺點，無論自己願不願意，當人與人之間的生活緊密交織時，彼此靈魂的明暗盈缺向對方的滲透都是「潤物細無聲」的。這也是為什麼在有得選的情況下，最好選擇那些能夠滋養我們並可以共同成長的人，因為其中任何一方的成長都能夠牽引與撬動對方的成長，從而形成長期的，如同蹺蹺板一樣的「撬動型成長關係」。

在一家公司上班 10 年以上的員工，不管他進入公司之前是怎樣的行事風格，他在公司當中為了長久、舒適地生存，快速、富有競爭力地提升，一定會越來越靠攏這家公司的企業文化、思考模式、

行為邏輯。如果他不能做到保持靠攏，而持續堅持特異性，就會像一個無法與大齒輪咬合的小齒輪，在持續的摩擦之下喪失節奏，甚至發生碎裂。這種難以承受的不適感只會逼迫他儘早離開，無法生存 10 年之久。

任何兩者之間要形成平滑的接觸，要不就是一開始就像量身訂製，不然就是一定伴隨著至少一方特異性的萎縮。這個過程中強的一方往往更有破壞力，最終透過持續不停的摩擦，讓弱的一方變成適合自己的形狀。就像某些企業文化中必然有一環叫作「壓模」，不論你是橡皮泥、水果泥還是蔬菜泥，都要接受變成某種形狀才能在這種環境中生存。

我們能改變的，是我們影響圈內的環境。譬如，家庭成員之間的相處，年度家庭財富計劃，自己所帶領團隊的團隊文化。面對我們影響圈外的環境，我們更多是做出了針對其標準的適應和妥協。譬如，學校對於個人的評價體系，整個行業對於某種崗位的要求，人際圈子內對於吃穿用度的隱形標準，等等。一旦進入外部環境，被改造是不可避免的。這也是許多畢業於名校的家長非常執著於自己的孩子上名校的原因之一。因為回溯自己的教育經歷，他們習慣了在與高手同台競技的過程中滿足高標準，雖然這個過程帶有壓力與艱辛，但是他們也在不斷晉級中獲得了更強有力的競爭鍛煉。除了名校學歷帶來的就業優勢，他們更相信這種與高手博弈的過程會讓孩子形成對自己高標準、嚴格要求的習慣，從而在進入社會之後

面對更廣泛的群體時更具備競爭力。

當然，在選擇發展方向時可以進行降維打擊。譬如，你攜帶著某個行業的高端理念與技術進入依然粗放的市場，那麼你將比那些不專業的競爭對手更容易贏得機會。**但是當你選擇合作對象時，不妨升維攀緣，讓自己向上看，看看自己能否越過山丘，越過山丘之後，到底有多少人在等候。**

成長初期宜高手雲集

曾有人問我，第一份工作該不該去小公司？

我的建議是，如果這家小公司沒有一個足夠優秀的老闆或創始團隊，那麼還是應當尋求一家在招聘當中有著高標準的大公司。我們在選擇環境的時候，最需要注意的就是不要給自己設限，不要選擇那些天花板過低的環境。這會讓我們對自己未來的上限估計過低，從而對自己的人生做出保守的規劃。

我們的人生永遠都在圍繞著可能性做出行動，當我們沒有看到可能性時，就無法為之做出有價值的行動，從而沒有辦法為自己帶來有價值的變化。我的父母是 20 世紀 60 年代出生的人，在他們的高中時代剛剛開放了高考，但是很多人並沒有選擇考大學。因為他們不知道上大學將會為自己的人生帶來多大的改變；不知道未來的

幾十年，中國將發生哪些翻天覆地的變化；不知道開放高考後的第一代大學生，將如何成為一個時代的中流砥柱。後來的事情大家都看到了，越來越多的人開始考大學，因為他們從很多大學畢業生的前途當中看到了自己可能擁有的前途。我這些年接觸過很多名校畢業的學生，也接觸了很多普通學校畢業的學生，有些時候人與人之間並非一定在能力上有著不可彌合的差距，更重要的是，前者的內心更堅定地相信一種可能性：我可能會成為什麼樣的人。因為中國頂尖的院校享受了頂尖的教育資源與社會資源，在這裡讀書的人從進出學校的優秀校友身上，從與學校緊密聯繫的社會名流身上，看到了很多種更為遠大的可能性。為了自己期待的可能性，他們按圖索驥，從自己的人生中尋求最優解。

在尋求事業發展的時候，也需要將可能性納入考慮範疇。當一個平台有更廣闊的空間時，你會明白一個有機組合的組織機構裡，竟然有這麼多不同的部門承擔著不同的任務。你可以了解這個有機體都有哪些「臟器」，每個「臟器」有什麼功能，它們之間是如何配合的。這是一個狹小的事業空間無法完整給予你的體驗，你必須像血液一樣在裡面流動過，才能親眼看到，親身學到。漸漸地，你會在自身發展的律動中，真正找到屬於自己的角色。如果你所處的環境是狹窄且資源短缺的，那麼這個環境中最優秀的人幾乎就是你的天花板所在。當你個人能力的發展遠超過環境的需求時，你就會感到焦慮、無力、迷惘。但這些都不是努力與否的問題，而是選擇帶來的必然結果。因此，選擇那些天高任鳥飛的環境，能夠讓外界

的能量持續對你產生影響與衝擊，帶來令你不斷進步的緊張感，你也會感到自己所付出的努力越來越有意義。

成長初期選擇與高手共事，他們身上的優點就像蒲公英，總有一些會在你身上生根發芽。

高明的對手造就高明的自己

我曾在影片中分享過一句話：讓自己快速成長的最好方法不是看書，而是與高手過招。僅就做事上來說，大量的人都是 60 分水平，這讓 80 分水平的人往往顯得格外出色。而人生成功的秘訣就是，拒絕和 60 分的人合作，克制和 80 分的人合作，堅持只和 90 分到 100 分的人合作。

這並非我的原創，乍聽起來非常扎心。但是如果你的工作當中充滿了合作，你就能夠理解這段話所表達的意思。**與高手過招，最大的好處就是讓他們成為你的眼睛、成為你的標準、成為你的手腳，讓你個人的功能與意志都得到極大的延展與發揮。**

在開啟第一家行銷公司之前，我剛從網路公司離開不久，對於如何拓展甲方、如何提案一竅不通。我唯一的資源就是自己腦袋當中的想法，我能提創意、寫文案、搞傳播，除此之外，我沒有任何行銷、廣告、公關公司的經驗。然而不知是飢寒所迫，還是無知者

無畏，我竟然大膽地啟動了。對於當時的我而言，除了一個自己原創的自媒體主帳號之外，既沒有現成的人脈，也沒有現成的案例，更妄談甲方資源。於是我換了一個角度，去找甲方的合作方（他們的乙方），我潛在的競爭對手，那些市場上第一梯隊的乙方，與他們合作。一方面，他們不會像甲方一樣，有極高的合作夥伴篩選標準，另一方面，我們毫無經驗，找一個有經驗的合作夥伴，才能有機會複製他們的經驗。

這些公司每年的專案數量往往會超過其營運能力，我的積極性得到了他們的回應。找到這些大型乙方之後，我積極承攬他們 100 萬元以下的案件。在合作的過程中學習五點：

1. **他們如何尋找客戶**
2. **他們如何與甲方合作**
3. **他們如何撰寫方案**
4. **他們如何為自己定價**
5. **他們執行流程是如何進行**

在這個過程中，透過與他們的合作，模仿他們的一切。一年之後，我訓練了一個成熟的團隊，在競標的時候竟然可以戰勝產業龍頭的公關公司。

在培養員工方面，我也秉持著與高手過招的思維。由於剛開始

創業，預算有限，我手下只有一個兩年工作經驗的女孩，剩下的員工應屆生和實習生居多。他們的特點是學習能力強、幹勁強，但是格局和社會經驗不足。如果他們不能挑大樑，我就永遠無法解脫自己的手腳。於是我決心對他們來一場揠苗助長：

1. **讓他們直接對接客戶的品牌經理**
2. **讓他們直接撰寫重大的方案並與客戶溝通**
3. **讓他們直接挑戰現場提案，現場說服客戶**

以他們當時的能力，與工作 5 ～ 10 年的人頻繁對接與合作其實有巨大的壓力，但是我相信，透過這樣的壓力，一定能篩選出一部分急速成長的人。我會在他們與客戶進行商務溝通的時候旁聽，然後做出改進反饋；讓他們不斷剖析行業裡的優秀案例，然後快速模仿；每週讓他們模擬提案並且錄音，接受我各種形式的質疑，再回聽自己邏輯與措詞中的問題。當然，這種揠苗助長的方式喜憂參半，一部分人不堪壓力提出了辭職，這是我如今想來覺得非常抱歉和遺憾的事，但咬牙堅持下來的人很快在壓力中學會了獨當一面，在能力上可以俯視同期畢業的同儕。

俗話說：嚴師出高徒。但是進入了社會，我們沒有機會擁有那麼多嚴師，如果我們相信自己的潛力且願意主動進化，那麼與高手過招就像無形中擁有了一個極度嚴厲的好老師。每天都會被虐，被虐的感覺很痛苦，但是虐到量變到質變時，自己就能成為更好的人。

所以，想要成長，就要去尋找人群中那些最優秀的人。與 60 分的人合作，像是我們背著一個人在跑，不僅自己跑不快，而且疲憊不堪；與 80 分的人合作，像是與力道相當的人一起划船，節奏感讓我們心曠神怡，但也不會那麼快；與 90 ～ 100 分的人合作，像是坐上了阿拉丁的飛毯，讓我們看得更高、看得更遠，也讓我們有更多的可能，去那些想去卻沒有能力去的地方，有能力去卻沒有勇氣去的地方，甚至那些超越了自己想像的地方。

　　我們會因為先天的差異而彼此不同，但更會因為後天的經歷而明白彼此為何不同。

3年更換一個Role Model[1]

　　很多人都會在年輕的時候選擇一個遙不可及的偶像。他們可能是企業家、歌手、運動明星、藝術家，我們因為他們名聲在外的勵志故事而感到熱血澎湃，彷彿透過這些也可以讓自己充滿力量。更有理想遠大者，會認為自己是下一個馬雲，下一個馬化騰。但是時間的車輪滾滾向前，不論我們多麼努力，我們既不會成為下一個馬雲，也不會成為下一個馬化騰，我們所能成為的，只有可能是具有獨特屬性的自己。所以，幾乎所有的偶像，象徵意義都遠大於模仿意義，他們的成功過程往往夾藏著時代的紅利。對一般人而言，「橘

1　Role Model：楷模，行為榜樣。

生淮南則為橘，生於淮北則為枳」，環境不同，即便付出同樣的努力，結果也會完全不同。所以，除了那些象徵意義上的偶像，我們更需要一些離自己更近的 Role Model。

Role Model 這個字沒有十分簡潔、貼切的中文翻譯，說模範、說榜樣都顯得過於死板。我更願意把它直譯為角色模板 —— 一種階段性的進步模版，是我們想成為且透過努力能夠成為的那個人。人生這條路很長，如果一開始就盯著終點未免太過於焦慮慌張，不妨每隔 1000 公尺設一個小目標，前進的動力看得清、摸得著，一個個突破下來，好讓我們不那麼絕望地跑完全場。這個小目標就是 Role Model。

相信很多職場人都有同樣的感受，那就是工作的前幾年進步往往比較快，但是幾年之後如果工作環境和周圍的伙伴沒有變化，就很容易陷入倦怠，不知道自己的方向在哪裡。因為剛進入職場，人人都是前輩，你的心態往往也是非常謙卑的，所以能像一塊海綿一樣，不斷地吸收周圍的養分。但是當你工作幾年之後，就會發現自己的能力逐漸與周圍的人持平，甚至超過了他們，這時候你就會陷入舒適而不自知，且很容易衍生出諸多的挑剔心態。然而一旦周圍的環境發生變化，例如給你一個更艱難的任務，一個更強有力的競爭對手，一個更有能力的直屬上司，你的海綿心態又會被重新喚起，感覺自己又有了努力和進步的空間。

每個人的成長週期都是不同的，但是大多數人基本上都是三年一個台階，社交關係也是一年一小變，三年一大變。在我們以三年為節點的人生中，會出現各種各樣的人，他們全局性或局部性地比我們優秀，讓我們充滿壓力，也讓我們從他們的身上看到一件事情還有更好、更寬廣的可能性。

　　在我職業生涯的前五年，每年都會有自己的 Role Model。

　　我會對他們的能力結構進行全方位的分析與複製，小到如何撰寫郵件，如何待人接物，大到如何設計工作計劃，如何設計業務戰略。這個過程當中少了很多不必要的迷惘與自我懷疑，多了很多的成就感。很多人抨擊中國人擅長模仿卻沒有創新，但不得不承認，模仿能力的爐火純青也讓我們迎來了更高效率的發展。職場上的絕大多數技能都是有通用性的，並不需要格外發明，但是我們需要找到那個適合自己的風格，可以模仿複製的 Role Model，模仿他們的思維、模仿他們的細節，而且力求做得比他們更好。如果能做到這一點，已經是巨大的勝利。

　　一年賺多少錢是一種定量的目標，而成為什麼樣的人本質上是一種定性的目標，只有我們全方位地接近這類人、了解這類人、分析這類人、模仿這類人，才有可能成為這類人，甚至超越這類人。所以，這種定性的目標不用很遠，也不用很近，以三年為節點，找到這個階段的 Role Model，去複製他的優秀素質。人生中巨大的跨

越往往依靠創新、機會與自我顛覆，但是小步快跑往往依賴的是自身快速複製的能力。我們不可能複製成為馬雲、馬化騰，但是可以複製自己的學長、學姐，複製自己的直屬上司，因為他們的優勢目之所及，只要勤於模仿，就一定能實現。

與那些比你快半步的人交朋友

我們在學生階段交朋友往往是隨性而純粹的，這種美好的友誼很可能伴隨我們人生很長時間，彌足珍貴。而當我們進入社會之後，會比在學校裡有更多的競爭壓力、合作需求與成長動機，這種心理狀態的改變也會影響我們對社交的訴求。很多人都想和優秀的人交朋友，甚至不惜花重金結交與自己階級相去甚遠的人。但是這樣的社交過程除非個人能力十分高明，否則大多時候都是單方面的熱情，而且投入回報比非常低。

任何長期、穩定、愉悅的關係都伴隨著平等，這種平等是一種綜合性的指標：個人的背景、能力、愛好、性格和對關係的付出程度等綜合地構成了雙方的平衡。所以，交朋友也是一種尋找平衡的過程，如果你想要有更多優秀的朋友，不妨做一個人際關係當中的主動者，主動與那些比你快半步的人創造關係。

什麼叫做快半步呢？也許我可以用下面的 3 個 1/3 來闡述。當然，在每個人的生活當中，這個比例一定是有所不同的。

1. 1/3 他能做到的事情，我也能做到，而且做得一樣好
2. 1/3 他能做到的事情，我也能做到，但是未必做得像他一樣好
3. 1/3 他能做到的事情，我卻做不到，但我相信努力之後也許可以做到

這樣的人往往離我們很近。當然，並不是每個人都能與比自己好一點的人在真正意義上打好關係，因為差很多是羨慕，差一點是嫉妒。克服嫉妒是非常必要的，何必和更好的自己過不去呢。人際關係當中，不妨以李小龍的那句「Be water my friend」[2] 為行為指標，行雲流水之中柔軟通透，我不吝於涵養萬物，萬物亦皆為我所用。

長期堅持這種思考方式會讓我們學會體察分析別人的優點，真正實踐「三人行必有我師」，也會讓社交過程更有價值感。我們對朋友的認可是真誠的、發自內心的，對方也一定會感覺到我們對他的認可與肯定。如果我們身邊常年有三到五個比自己快半步的好朋友，是一件非常幸福的事。遇到難題，總是聽到高見；一起做事，總能順利推進；閒暇聊天，總能受益匪淺。這個精進過程平等互融，何樂而不為呢？

2　Be water my friend：直譯為像水一樣流動，我的朋友。源自李小龍在訪談中解釋自己的武術哲學——人應如水一般柔軟又剛強，可以在變化中適應萬物的形狀。

02

向前的重要抉擇：選對引路人

人生中的重要關係：選擇比經營更重要

我曾在影片帳號發過一期關於如何培養老公的內容，大意是，你的老公好不好，一半在於選得好不好，另一半在於培養得好不好。當然，這個言論調侃成分居多，卻引來了一眾女生的評論。很多過來人發表意見：選得好才是最重要的，選錯了，怎麼培養都無法奏效。

這裡涉及選擇和經營孰重孰輕的問題。伴侶選得適合自己，那麼未來的經營過程則是順水推舟；伴侶選得不適合自己，那麼未來的婚姻生活更像逆水行舟。面對同樣問題時的難度不同、心態不同，

甚至解決的方向也會不同。

　　人們對婚戀選擇的重視度遠大於其他關係，因為婚戀對大多數人來說直接關係到生活的幸福感。但我們人生中的其他關係，也扮演著極為重要的角色，只不過我們習慣被動接受，而非主動選擇。譬如老師，譬如上司。小時候，我們遇到一個喜歡的老師，甚至會激發自己對某個學科的興趣，本來覺得困難的學科也變得有趣。長大後進入職場，我們遇到一個適合我們的直屬上司，工作中出了難題心裡是有底的，方向上有了迷茫是有人指點的，他升遷時我們也是受益的，一路更像順水行舟，不知不覺就能走到對的位置。以 3 ～ 5 年換一次工作計算，如果每次都能遇到好老闆，基本上可以直接把我們帶入職場的快車道，如果每次都遇到很不適合的領導，那麼我們的職場發展，尤其是前 10 年的黃金期可謂是浪裡行船 —— 走哪算哪，只能自求多福了。

　　當我們進入職場的中高層，每換一次工作都有可能要接受背景調查。我們不妨每換一次工作，都不要僅僅把眼光放在職位與待遇上，也花一些時間對未來可能的老闆做一次背景調查。畢竟，把自己前進的引繩交給一個自己認同的人，未來共事起來心煩的機率不會太大。

　　當然，也會有人說，都是老闆選我，哪輪得到我選老闆啊？其實好徒弟挑師傅，差徒弟師傅挑。我們選擇權的大小是隨著個人實

力的增強而不斷增加的。第一份工作時，我們還是一張白紙，沒有職場經驗，既不具備選老闆的資格，也不具備選老闆的眼光。但當我們逐漸在職場上有話語權之後，不妨給自己挑選一下引路人。畢竟，差的引路人帶會讓我們一條道走到黑，而好的引路人會讓我們前途光明。

從老闆的身份特點出發，我主要分享兩類老闆的選擇方式：機構倚賴型老闆與實力倚賴型老闆。

什麼是機構倚賴型老闆？

這位老闆也是企業的雇員，他目前在企業裡佔據一個比你更高的位置，帶著你做事，但是他自身並不完全具備企業人事生殺予奪的話語權。

什麼是實力倚賴型老闆？

這位老闆是公司的創辦人，他在公司裡佔據絕對的主導權，把你當作合夥人或是重要人才，希望你能跟他一起打出一片天地。

第一種老闆在我們職場的前 10 年比較常見，畢竟這個階段大多數人還是依賴機構進行職場路線的規劃與發展。第二種老闆在我們職場發展 10 年後遇到的可能性越來越大，隨著我們個人能力的

提升，家庭收入的需求以及中年職場轉捩點的到來，很多人都想脫離公司，跟著一群可靠的人自己打江山。這兩種老闆都對我們個人的前途有一定的掌控作用，但是選擇他們的原則卻有很多的不同之處。當然，我以下列出的眾多原則並非讓大家去苛求自己的老闆，去尋求一個十全十美的引路人，而是可以作為一種做選擇時的參考思路。

如何選擇機構倚賴型老闆？

關鍵字：實力、胸襟、緣分。

1. 老闆在公司的綜合實力

我這裡所說的老闆並非公司的 CEO，而是與你關係最緊密的上司。判斷一個管理者在公司的綜合實力，有三個很重要的因素：

（1）老闆是否靠近公司的核心資源

靠近核心資源，隸屬核心部門，都意味著更大的話語權。

作為職場人，如果興趣與專業相對靈活，應優先考慮公司的核心部門，也就是那些為公司創造核心競爭力和經濟效益的部門。這種部門是最受大老闆關注、最容易流血、裁員的時候最後考慮的。在這樣的部門，個人更容易體現價值，遇到經濟蕭條時風險性也較小。如果身處核心部門，未來升職的機率也往往高於其他邊緣部門。

所以，在選擇老闆之前，要研究清楚這家公司的結構與重心，你未來即將每日共事的老闆到底是核心部門的核心管理者，還是身處曝光率較低的邊緣部門。如果別的部門都仰仗他的部門，唯他馬首是瞻，那麼你作為下屬，推動工作的過程中自然阻力比較小，話語權也比較強。如果狀況是相反的，你所在的部門並不能得到整個公司的重視，那麼即便自身能力很強，也容易阻力重重，很難在更大的舞台上展現價值，更不用說如何受到高層的矚目與認可。所以，進入職場，無論選部門、選崗位，還是選老闆，都盡量離核心資源更近一些。

（2）老闆是否處在向上的快車道

職場中的升遷往往是連鎖性的，上司升遷，下屬才有更大的機率向上一步。所以，做背景調查的時候，需要看看這位潛在的老闆是否處在向上的快車道。比如：

他是否有連續晉升的經驗？

他的向上管理是否通暢有效？

他是否具有向上進取的態度？

他的個人背景能否為他的晉升提供良好的背書？

如果這些方面的答案都是否定的，那麼證明這位老闆的晉升難度是比較大的，作為下屬，升遷難度也會增加。你的老闆就好像火車頭，而你則是後面的車廂，只有當他高速奔跑時，你才有機會看

到更多的風景，走更遠的路。

（3）老闆是否具備個人能力

進入職場，很多人還是想學點真技能在身上，而這個師傅就是自己的直屬上司。如果你有一個能力高強、意氣風發的上司，那麼也會帶動你更為積極地看待工作，而他身上的優勢也會像一個個靶盤，讓你以之為目標，不斷觀察與學習。如果你不認同他的能力，那麼不可避免地，面對各種事宜，你內心總會出現與他相左的態度，但是為了工作順暢，你又不得不收斂自己的真實想法。長此以往，雙方都能感受到不快，都會因此受到傷害，也會讓你在這家公司的升遷增加許多的成本。相信這是大多數人不願意面對的問題。

2. 老闆待人的胸襟

人要發展就需要空間，老闆的胸襟就是下屬發揮空間的上限。

胸襟之擔當

公司的規章制度未必是靈活有效的，老闆的決策也未必每一次都是正確的，所以作為下屬，有時執行一些自己不那麼認可的工作也是很正常的。但絕大多數時候，我們還是希望施展拳腳，做一些發揮個人才幹與主觀能動性的事情。一個有擔當的老闆更容易對下屬放手支持，給團隊成員搭台唱戲的機會，讓你擁有更多的機會去

歷練，而好的經驗才是未來更進一步的墊腳石。

胸襟之利益

升職、加薪、股權、選擇權，公司的每項福利待遇，老闆能否為你做合理的爭取？

出來混都不容易，如果老闆面對下屬的努力，連體恤民情的心態都沒有，那麼跟著他實在是太難了。好老闆不會只把眼睛放在自己的利益上面，而是願意為認真做事的人爭取利益，讓他們因為自己的努力而得到犒賞。這是領導力的一部分體現。而下屬有了更多的激勵，才可能被激發出更多的努力。

3. 你是否與老闆的風格投緣

對小公司而言，老闆個人的性格特質往往強烈影響團隊的做事風格；對大公司而言，創始團隊的行事風格與公司常年的發展模式會讓公司形成一套穩定的企業文化。所以很多公司在招募的時候，不只在硬體上有傾向性，在軟體上也有傾向性，也就是說，願意選擇性格上與企業文化比較相符的人才。

所以我們在選擇老闆的時候，也需要了解一下，自己與未來這位老闆的風格是否投緣。在職場上很常見的一個現象是，不少老闆

喜歡與自己類似的人。譬如，狼性比較強的老闆也喜歡狼性強的下屬，他可能會傾向認為不夠狼性的下屬缺乏魄力；作風低調務實的老闆也喜歡踏實專注的下屬，過於外向的下屬也許會被認為不夠踏實。如果與自己的老闆在風格上非常投緣，我們將會擁有更大的施展拳腳的空間：一方面他更容易與你共情，對你認可，在你提出需求的時候給你更多的教導與支持；另一方面，他的一些做事方法、做事風格，你也更容易有樣學樣，透過高效模仿獲得階段性的快速成長。

我有位朋友方方，在老東家撐了 5 年都沒有升職。剛開始進入公司還是非常有拚勁的，但是無論做事的想法還是風格，她與老闆都很不同，所以雖然很努力，但是始終都沒有成為老闆眼裡的愛將，導致她連續錯過了兩次升職機會。連續的挫敗讓她的心態越來越負面，業績也越來越差。在一次會議上她被老闆批評得一無是處，衝動之下遞了辭呈。

後來她因為垂直領域的經驗進入了一家還在發展中的電商企業。這家企業當時正處於跑馬圈地的階段，她的老闆也是她的老鄉兼校友，因此給予了她很大的發揮空間，再加上這次機會來之不易，方方如履薄冰，做得兢兢業業。結果很快時來運轉，竟然 4 年升職兩次。現在她已經帶了一個 10 人的團隊，比之前的老闆管理的團隊規模更大，負責的營業額更不可同日而語。

如第三章所講，我們除了個人的能力與努力之外，還需要選擇那些適宜自己發展的環境，這樣才能透過環境更有效率地放大我們的個人才智，從而取得更大的成果。所以當我們在找工作時、跳槽時、轉換崗位時，不妨多花一些心思，選擇那些更容易認可我們、提攜我們的人。

如何選擇實力倚賴型老闆？

創業老闆與職場老闆有很大不同。職場上，一家公司如何，基本上已經定型，你的直屬上司作為經理人，本質上對公司的發展並沒有太多的話語權。但對於新創公司而言，如果你跟著別人創業，那麼這時候，你不僅需要一雙眼睛，更需要「望遠鏡」和「顯微鏡」。因為創業有風險，而你的成敗，與這位老闆是休戚與共的。

1. 看人：尋找他實力的中位數

看人是一件很難的事，否則怎會有人說「知人知面不知心」。即便一個專案萬事俱備，人依然是最大的變數。隨著社會經驗的豐富，每個人都會形成一套屬於自己的看人方式，但是我們的個人感知受閱歷與知識的限制，很多時候都過於主觀。那麼尋找一些側面佐證的方式，就能夠相對有效地對沖我們自身所存在的主觀性，提升判斷的準確度。

人們常說，一個人的水平就是他的三個敵人加三個好友的平均值。這話說得很「粗線條」，但是也不無道理。你能視為敵人意味著對方於你有威脅，你能稱為朋友意味著你們彼此有對等的欣賞。我們選擇創業老闆時，也可以用此類方式，不過我們的著眼點可以放在他的身邊人上面，從他身邊人的實力中，我們可以大略看出他實力的中位數。

（1）看他的追隨者

龍爭虎鬥、蝦兵蟹將、虎父無犬子……許多字詞都在詮釋物以類聚，人以群分的現象。我們判斷一位領導者時，從他的行為本身探究是一種方式，從他身邊人的狀況推論是另一種方式。馬雲的合夥人如今獲得了驚人的財富，但是回到 2003 年，那時物流不發達、網路普及率低、沒有便捷的網路支付，可謂是萬事不俱備，也沒有東風。一群熱血的創業者不顧周圍人的異樣眼神與瘋狂唱衰，依然能夠團結前行，證明這位領導者一定具備某些「特異功能」，讓他們願意置身於這個現實殘酷的環境，追逐一種叫作夢想的東西。

任何小型公司和新創團隊都不具備大企業的健全體系，因此人就是這個微環境之中的重中之重。如果你看到這個團隊的領頭羊有一群得力的追隨者，能夠發自內心地認可他、信任他，甚至格外強悍的人降低待遇也願意跟著他，那從某種程度上來說，這種老闆的身上一定存在一種信心的「共振」，大家願意冒風險跟著他，篤定他能成事。

（2）看他的伴侶

曾經有位朋友與我分享他的看人觀點。一個人選擇的伴侶程度如何，往往能夠從側面反映出他的精神境界與生活追求。一位男性假使面貌普通、背景平淡，卻有一位樣貌、能力皆強的智慧伴侶，往往意味著這位男性有他人沒有察覺的過人之處；一位女性若外型、背景都沒有過人之處，卻能找到一位背景、才幹皆強的丈夫，那麼這位女性的內在十有八九是非常厲害的。其實他的這個推斷，表達的是一種平衡原則。兩性關係中，當其中一方充滿了優質的選擇卻依然願意選擇條件平平的另一方，證明另一方絕對不是表面上看起來那麼普通。

無論男性或女性，伴侶的選擇都是人生當中最重要的事情之一，對人生的走勢影響巨大，而且替換成本極高。因此幾乎沒有人把這件事情當兒戲，都會盡自己所能選擇那個適合與自己共度終生的人。這個過程中考驗了一個人做選擇的能力以及自身所具備的部分競爭力。

所以，如果一個人拉你創業，講得天花亂墜，你不知道如何判斷時，不如叫他與他的伴侶出來一起郊遊、吃飯。看看他對人生當中最重要的事情是如何決策的，與他朝夕相處的伴侶到底是什麼段位的人物，是誰與他同呼吸共命運。如果這位男士看著低調普通，妻子卻智慧美麗、包容大器，十有八九這位男士也是不錯的。因為

以他妻子的智力與條件，在男性市場上是有充分選擇權的，她沒有選擇那些更加豪奢花俏的男性而選擇了這位男士，說不定這位男士很有內涵。

2. 看錢：共患難者未必能共富貴

共患難者未必共富貴，這種例子古已有之，所以人們常說：「飛鳥盡，良弓藏；狡兔死，走狗烹。」許多幫助皇帝打天下的重臣在功成之後惶恐自己不得善終而早早告老還鄉，即便如此，也不是人人都能得到安享晚年的好運。

很多人會說皇帝心胸也太狹窄了，但是大多數開國皇帝還真未必心胸狹窄，否則怎麼能擁有一群浴血奮戰的股肱之臣呢？核心原因是皇帝這個崗位全天下只有一個，是稀缺當中的稀缺，他一旦坐上那個位置就太難睡個安穩覺了。平時在一個小公司裡，人們為了一個小職位，為了一個小獎金都可能各懷鬼胎，你爭我奪，面對全天下唯一的崗位，皇帝不可能不多想。

由此，再看創業這件事情就很清晰了。一開始是「王侯將相寧有種乎」，大家不計個人得失闖天下，等到有所成就的時候，卻不是人人都有素質能做到「苟富貴勿相忘」。所以，如果你要追隨某個創業者，就一定要了解他人生當中的財富閱歷，這份閱歷往往可以衡量他面對金錢誘惑時的閾值，一旦突破了閾值，就是風險所在。

如果他曾經因為自己的家庭、自己的生意、自己的工作受過巨資的考驗，那麼他的金錢底線往往是比較高的。也就是說，當巨大的不屬於他的誘惑擺在他面前的時候，他可以坦然自若。同時，一個「吃過」的老闆，往往比沒「吃過見過」的人更擅長分配利益。在合作當中的自制與分利，是讓一份合作關係走得更遠的前提。

錢永遠是中性的，在弱者面前是蠱惑心智的魔鬼，在強者心中不過是實現手段的工具。因此，與他人合作，要首選那些不易被金錢改變底線的人。

3. 看腦：頭乃人之元

如果把一個創業團隊比喻成一個人，那老闆無疑就是這個團隊的大腦，而老闆的大腦則是調配這個有機體的出發點。如果這個大腦一會兒東一會兒西，四肢就會「群魔亂舞」，再有力量也是無用之物；如果這個大腦深思熟慮，有定力，再平凡的四肢也能展現剛勁有力之姿。

對於一家新創公司而言，最重要的是正確的方向，靈活高效的執行力，快速的糾錯能力，強大的風險控制能力。這些素質都必須集中體現在創始人的身上。所以，考察這位老闆的大腦是非常必要的。一方面他需要具備敏捷、全面、深刻的思維網絡，另一方面他需要極強的迭代能力。這樣才能保證他可以在更短的時間內比別人更深刻、更全面地理解事物，保證能夠在紛繁複雜的局面當中隨機

應變，保證方向的正確性。現在是一個資訊爆炸的時代，如果他能夠在無限冗餘的資訊當中靜下來，對自身創業的領域考慮得更深、更遠，始終走在同行前面，那麼他將會有更大的機會勝出。作為追隨者，我們的努力也將有機會獲得加倍的回報。

4. 看心：警惕「聰明人陷阱」

聰明人最該警惕的，恰恰是自己的聰明。

對於不夠聰明的人來說，選擇往往是侷限的。因此不得不在一個方向上慢慢鑿，方向對了反而別有洞天。

對於非常聰明的人而言，選擇往往十分豐富。因為其能力可以駕馭的事物太多，所以遇到誘惑，反而未必有十足的決心做取捨。

當我們遇到一個聰明而想法太多的老闆時，一方面我們會為他的聰明所感染，另一方面，我們所共同進行的事業卻未必能夠持久堅持。**因為捷徑屬於聰明人，機會屬於聰明人，變化屬於聰明人，唯獨困難不屬於聰明人，當他面臨一個困難的時候，同時也會面臨一些誘惑，這個時候並非每個人都會選擇那條更艱難的路。**

因此，越是聰明越是需要守拙的素質來呵護恆心。如果做不到專注，那麼很容易陷入三心二意的漩渦，以至於每件事情看起來都

不難，每件事情似乎都有得做，最終結果卻無法像一把尖刀，把資源用在刀刃上，讓整個團隊在競爭當中脫穎而出。頻繁的心猿意馬也會動搖軍心，把一個緊密團結的部隊變成各懷心思的散兵游勇，在注意力越來越分散的過程中，耗盡整個團隊的競爭力。

老闆是專注的，公司才能是專注的，這樣才能在資源有限的情況下，大大提升勝出的機率。

5. 看行：萬丈高樓平地起

如果老闆不能做到知行一體，那麼以上全廢。

對於創業，做成才是最大的公平。

如果老闆提出的計畫總是無法真實有效地兌現，那麼會讓事情成功的機率逼近為 0。**任何一家偉大的公司都是從一個想法開始，也是從無數冗餘、瑣碎、艱難的執行當中脫胎而生。**

最好的團隊建設不是吃喝喝、稱兄道弟，而是帶著大家打勝仗。說一件，做一件；做一件，成一件。這才是一個好的創業老闆的基本修養。

所以，真正能成事的人，反而是聰明的「笨」人，是極度理想主義與極度現實主義的結合體。像是心懷使命一路往西的唐玄奘，又像是帶著門徒奔赴迦南的摩西。他們充滿智慧，卻不屑於投機取巧；他們心懷理想，卻又無比現實；他們極度瘋狂，卻又極度確定；他們的理想並非滔滔不絕，卻能用腳步丈量出一段屬於真理的路。

03

提升貴人緣：向上建立高階關係

　　我曾經發布過一個關於如何與大佬建立社交關係的影片，很快就有了近百萬的播放量，可見在當前社會，如何向上建立社交關係是很多人關心的。我隨即收到了各種私訊，說自己在工作場合能夠見到各種大佬，但是他們完全不會認真看自己一眼，對於建立一種有強連接的向上關係，到底該如何操作？

　　在這個時代，大佬二字似乎已經被惡俗化了，我也不提倡沒有個人能力卻本著攀附的目的盲目「抱大腿」。對於許多習慣了與同僑打交道的職場人而言，與社會地位差距較大的人打交道似乎是個難點。從影片的播放量與回饋中也可以看出，大多數人都很期待自己的事業之路上有貴人提攜，讓自己的實力得以更好、更快地發揮。

那麼本節我們就來聊聊如何提升自己的貴人緣——與大佬建立高階關係。

所謂大佬，是指個人資源與社會地位遠高於你的人。對於一個正在求職的在校大學生而言，差距甚小的職場基層不是大佬，而決定你是否能夠進入公司的職場中高層的人可以算作大佬。對於一個職場中層而言，你的直屬上司不算大佬，公司的一把手或者在行業內叱吒風雲的大老闆才算大佬。因此，大佬是相對的身份概念。隨著個人的成長與積累，自己的世界裡可以被稱作大佬的人，數量會不斷縮小，同時也會因為自身能力的提升，成長為某個領域他人眼中的大佬。

你與大佬在社會資源和社會地位上往往是非常不對等的，不對等到交集的空間極為狹小，更不用說有合作的機會。

但社會上永遠存在著幾類人：

非常幸運的人。創業或進入職場不久，就有大佬順手提攜，讓自己有意無間坐上了「火箭」，成為別人眼中的人生贏家。

非常積極的人。特別喜歡穿梭於各種飯局與大會之間，加微信、拍照片，試圖跟更高階的人交朋友，和別人聊天張口閉口就是：「我有個朋友……」

非常認命的人。覺得圈子不同，何必強融。有此類想法的人在我的影片評論區也佔據一定的數量，他們認為大佬之所以是大佬，是因為根本不需要你。

沒有人會拒絕幸運，但是大多數的幸運都不是天上掉下來的餡餅，而是包裹在幸運外皮下的一種實力。這種實力並不像工作技能，有步驟、可量化，更像一種做人的藝術。這種藝術的核心就是我在之前章節所講的——交易思維，只有雙贏得益，才是任何合作長期運作的基礎。地位懸殊不代表無法做到雙贏，關鍵在於彼此間是否形成了有效的價值交換。就像鱷魚與牙籤鳥一樣，鱷魚需要牙籤鳥幫助它清除口中的食物殘渣，牙籤鳥則需要鱷魚齒縫間的肉屑果腹。如果我們能找到兩全其美的連接點，向上建立高階關係自然不是難事。鱷魚嘴裡的殘渣剩飯，足以讓牙籤鳥免去舟車勞頓，養得膘肥體壯。

切入關係，找到匹配的價值連接點

在創業之初，我的行銷公司主打品牌年輕化＋內容行銷，為了增加更多的企業客戶，我經常參加一些活動為自己的公司宣傳。後來在校友會結束後，我接到某大型公司行銷部的電話，想讓我們為他們做一個傳播方案。我很奇怪他們為什麼會突然聯絡到我，於是，我問他們是怎麼了解我們公司的。他們說：「我們老闆說你們公司不錯，讓我們跟你談談。」「喔喔，好的。」我一邊應付著打

來電話的女士，一邊心裡嘀咕著「你們老闆是誰啊」。電話裡聊完，我就去這家公司的網站檢索，才發現他們的老闆剛好是我的一位校友。於是我在校友群組裡加到了這位老闆的微信，衷心對他表示了感謝。一週後，我們公司很認真地出了一份合作方案，同時給他們一個明顯低於市場價格的報價，很快得到了他們的認可，啟動了合作事宜。在執行這個專案的過程中，我安排團隊兢兢業業工作，力求最好的成果。半年後這位校友又聯絡到我，說自己剛買了一家新公司，問我是否能夠繼續為他的公司做一個品牌傳播方案，長期合作。

透過一次連接點，找到了合作的機會，再透過合作中的展示，向對方證明了我們的價值，從而找到了連續合作的契機。透過這樣的合作，我與這位地位懸殊的校友成了熟人，但凡品牌傳播類的事宜，他都會諮詢一下我的意見，他們家族內部的一些 VI（視覺識別系統）設計也會找到我。再後來每次見面，他都會站在一個過來人的角度，在做人做事方面給我一些啟發，指出我需要改進的地方，很多建議都是非常精準、深刻的。很多道理我們不是天生就懂，如果沒有高段位的人指導，可能需要更長的時間才能領悟。

社交關係的建立，往往都是以價值為出發點啟動的：我覺得這個人挺內行的，也許找他比較有效；我覺得這個人辦事非常高效，讓他做應該相對牢靠；跟這個人溝通很舒服，也許做朋友是個不錯的選擇。我們在社交當中都非常樂於建立那些高價值、低風險的關

係。這個價值可能是實際或潛在的經濟價值，也可能是讓我們的精神世界充滿飽足感的認知價值，還可能是令我們如沐春風的情緒價值等，所有能夠讓我們自身得益的價值點。而風險則譬如，這個人人品不太好，跟他合作可能會被坑；這個人的口風不嚴謹，跟他相處容易「好事不出門，壞事傳千里」；這個人的能力不足，老是出包，事情交給他沒有任何安全感等等。所有有可能為他人挖坑的個人特質，都是他人在選擇是否與我們合作，甚至長期相處時考慮的潛在風險。

高價值、低風險的邏輯體現在任何一段社交關係中：我們尋找伴侶，希望對方對我們忠誠、關愛，甚至可以共同創造經濟價值，任何的風險性因素都會影響我們的選擇；我們在孩提時代期待父母給予我們更多的關愛與付出，任何忽略、否定、遠離我們的跡像都會影響我們安全感的滿足。即便一個徹頭徹尾的壞人，也會期待建立高價值、低風險的關係，這是我們的本性。

因此，很多人都希望得到貴人提攜，在重要的時刻推自己一把，但是如果你無法體現出自己的寶貴之處，是很難遇到貴人的。自貴者，人貴之；欲取之，先予之。尋找機會、創造機會，讓他人看見自己的價值所在，才是培養貴人緣的最好途徑。

沒有人是完人，所有人發展的路上都需要與他人合作。曾有粉絲私訊問我，如何請大佬吃飯、喝咖啡，認為這樣可以混熟，建立

關係。但沒有目的的連接往往難以創造價值，與其強行融入，不如退而尋求契機。在大佬的世界裡，時間是用來創造價值的，所以在建立關係之初尋找到價值連接點是至關重要的。同時，在雙方資源位差異巨大的時候，資源位低的應先低頭，你必須向對方證明，你比其他同水平的人更值得用。人們總想從比自己資源位高的人身上獲取些什麼，但是很少有人意識到，心胸寬廣地付出，本身就是一種稀缺的、令人尊重的能力。只有你證明了自身的實力，建立了一種關於供需的默契，才能讓你們擁有更加長期的、具備尊重的合作關係。

想得到強者的賞識，先要成為強者的同路人。

深化合作依賴，成為他某個價值鏈上最好用的人

上一點當中提到了高價值低風險關係，我們可以沿用這種邏輯持續地對關係進行深化，建立不可替代性更強的緊密關係。簡而言之，就是成為大佬某個價值鏈上最好用的人。

想做到這一點，務必需要專注在三個重點：

1. 預期管理

雖然我們每個人都是生動而複雜的，但是在別人的眼裡往往是

簡單的，簡單到用幾個標籤就能徹底定義。譬如，張三吃苦耐勞，做事踏實，特別適合做執行；李四思緒敏捷，會說話，適合做銷售；王五做事馬虎，給他安排的工作沒有幾次踏實地完成的。雖然張三、李四、王五都是活生生的人，可能在生活當中有趣、幽默、善良，有各種愛好和追求，但是一旦把他們放在別人眼裡，都會變得簡單到只剩功能性，這種功能性往往是從評價者的角度提出的。所以，當我們與別人合作的時候，不要期待別人看到我們所有的優點，對方很難有這樣的耐心觀察、理解我們，我們需要做的是讓對方從我們身上提煉出一些對他最有價值的特質。

對於社會地位懸殊的社交關係而言，我們在對方的眼裡最重要的特質就是，能辦事，能成事。能辦事在於當下的價值，能成事在於未來的預期。就像史玉柱說過的一句話：「什麼叫人才？就是你交給他一件事，他辦成了，你又交給他一件事，他又辦成了。」階層愈向上，馬太效應越明顯，你在社會底層呼天搶地很難辦到的事，在更高的階層可能一個電話就能解決，階層與階層之間具備效率的明顯分化。因此，如果要建立向上的關係，一定要在行為效率上向上靠攏，讓他們得到的永遠是滿意。

滿意並非是一味的迎合，而是負責任的預期管理。就好像父母承諾給孩子 5000 元壓歲錢，但實際上只給了 2000 元；承諾給 1000元，實際上給了 2000 元。雖然兩種結果都是 2000 元，具備同樣的購買力，但是前者給孩子帶來的是失落、怨懟，後者給孩子帶來的

是驚喜、開心。我們每個人從小都是在預期和成果的波動中理解世界的。如果我們總是能夠超越他人的預期，那麼他人對我們的評價往往會比我們的實際水準還要高。因為超乎預期這件事情讓他人感受到了滿足與驚喜，他人對我們的能力也傾向於有更大的積極正向的想像空間。兩個能力完全相同的夥伴，不擅長預期管理的和擅長預期管理的，會在我們心中產生完全不同的評判結果。高開低走，不擅長預期管理，會讓我們感到對方給自己闖禍、找麻煩；而擅長預期管理，會讓我們覺得對方行事穩健，合作中充滿安全感。這種情緒變化的規律，再強大的人也不例外。

因此在合作的過程當中，我們一定要向對方設立合理的預期，甚至提前告知風險，而不是為了當下的場面誇大自己的個人能力。因此，當我們能夠做 100 分的時候，給他 80～90 分的預期即可，但是當我們正式執行的時候，要朝著 120 分的目標前進。唯有這樣，他在我們這裡得到的才能總是滿意，只要是人，都喜歡驚喜，總是超乎預期才能得到合作的升級。

2. 腦迴路同頻

很多人都說，越是大人物越是沒脾氣，越是小人物越是脾氣大。其實這完全是個片面的誤讀。如果一個人一路奮鬥，不是對自己苛刻，不是對自己壓榨，不是對事情高要求，如何能成為大人物？大人物自身的發展過程注定了其內在長期充滿了不滿意與不滿足，才

能逼迫自己發奮。因此，許多大人物不僅脾氣不溫和，而且脾氣很大，這源自於他們內在對事物強烈的控制慾與高要求。親切的態度一方面是自身體面的必需，另一方面有助於降低對方的被壓迫感。這種行為更多的是一種禮貌，而非性格的真相。

對大佬而言，不怒自威是常態，身邊人能辦事的人自然能辦事，不能辦事自然從內心的名單中劃去，整個過程甚至不動聲色。因為地位、資源懸殊，完全沒必要對一個手無寸鐵又胸無大志的後生發火。你做不到，我下次不用便是。當你還來不及體會他的失落時，未來的機會就已經消失了。所以古人說輔佐皇上是「伴君如伴虎」，背後表達的是做事高標準嚴要求，及時地揣摩上意才是對方想要的。當大佬的秘書是非常鍛鍊人的，因為你必須長期模擬大佬的腦迴路與出發點，用大佬的標準來幫他解決問題。

因此，與大佬的密切合作源自於你對他深刻的理解。

大佬之所以是大佬，不是因為他比你更擅長寫 Excel 表，而是因為他的思維深度與格局遠遠強於你。而大家都喜歡與自己同一個頻率的人溝通，如果你的思維格局較低，就好比他在山頂，你在山腰，說話要靠喊，效率太低。如果你能理解他看問題的高度與出發點，那就好比你們同在山頂，溝通的過程更像自己人，只有像自己人，才有資格做左膀右臂。

因此，在共事與合作的過程中，大佬在觀察你，你也在觀察大佬，他觀察你是在看你是否得用，你觀察他是在看他想讓你為他做什麼。只有你能替他想到他關心的事，你能替他解決他擔憂的事，你能替他網羅他想做的事，才能讓他發自內心地信賴你，覺得你是與他共同進退的可用之才。

3. 忠誠、忠誠，還是忠誠

中國有句老話：木秀於林，風必摧之。這句話彷彿在教人們不要出頭，但是換個角度理解就是，你想要出頭，就必須明白風會摧殘你，你必須承受中途折斷的風險，才有可能達到你預期的高度。
因此，能成為大佬的人，必然「木秀於林」，在人生中挺過了不少的摧殘，而在經歷了「風必摧之」之後，疑心加重是很正常的事。這也是為什麼很多老闆做事不分輕重緩急，不願意授權，因為被曾經信任的人坑多了，寧可自己辛苦一點來規避那些令他痛苦的風險。所以，大佬身邊的重臣未必能力齊天，但一定是忠心耿耿。

有的人看到一些大佬的身邊的助手常常會想，他這個能力也配坐這個位置，拿到這個收入？也許他的能力確實不值這個錢，但是他的忠誠可能超越了這個錢的價值。沒有人放心把一些重要資源交給一個朝秦暮楚的人，穩定性本身就是風險的反面，非常值錢。曾國藩花了一輩子研究面相，也不過是為了規避看錯人的風險。因此，對大佬們來說，追隨者的忠誠性甚至是比能力更重要的存在。

在「高處不勝寒」的環境下，忠誠是最大的暖意。試想，你手握資源與金錢的時候，如果身邊有那麼一個知心但不多嘴、能幹但不邀功、上進但不唯利是圖的人是多麼可貴，這一切都會讓你充滿安全感，更願意把你手裡的資源授予他來安排。

深度關係的秘密：讓他成為你的恩人

16 世紀的義大利政治家馬基維利[3]說：「**施恩和受恩一樣都使人們產生義務感，這是人之天性。**」當時的他發現，當一座城市被圍困了數月之後，當人們在城中經歷巨大的艱辛困苦時，當他們為了保衛國王而經歷著恐懼與飢餓的煎熬時，他們對於國王的忠誠不是減少，而是進一步加深了。為了保衛國王，他們已經犧牲了自己的房屋與地產，在這種喪失一切的狀況下，他們反而不像剛開始一樣在意得失了，而是對自己行為發生了更加神聖的解讀，對於保衛國王產生了更強烈的義務感。

在人際關係當中，人們並不會介意自己被別人所用，反而會介意自己不被重視。當我們善於向對方求助的時候，也是給了對方一次展現優越感與被重視感的機會。這樣的行為只要往來得當，能夠讓我們在對方心中佔據一個更近的位置。所以，班傑明·富蘭克林

---

3 尼古洛 · 馬基維利（Niccolò Machiavelli，1469—1527），又譯尼可羅 · 馬基雅維利，義大利政治思想家與歷史學家。1469 年誕生於義大利佛羅倫斯。其思想常被概括為馬基維利主義。

曾說：「如果你想交一個朋友，就請他幫你一個忙。」

因此，面對大佬，如果你想要建立更近的社交關係，不妨鼓起勇氣，讓他幫你一個忙。這個忙能讓他認為，他在你的心中足夠特殊，足夠被重視，也讓他未來再找你辦事，有了更為可靠的機緣。

那麼究竟怎樣求助，才能讓關係更進一步呢？

1. 說出你具體需要的幫助，以及這項幫助對你的意義

我在曾經的求職過程當中，求職網站只占我履歷投遞管道的50%；剩下的 50% 是我認為的更高品質的私人管道，例如，比較近的就是我的微信好友，我選擇把自己的履歷發給微信好友裡頗有產業資源與勢力的前輩，比較遠的就是直接去社群網站上發私訊給心儀公司的 CEO。只要語言得體、履歷表合格，第二種方式的回應率非常之高，老闆的親自回應不僅比手下的人力主管更加熱情，而且更為認真，相比人資主管推給他的這些候選人，他反而會對直接求助於他的候選人報以更多的期許。

在私訊這些前輩與大佬前，我會打好草稿，除了基本的禮貌用語與問候外，這些草稿至少包含了四個面向：

我的需求。我需要您幫我什麼，開門見山，絕不遮遮掩掩，讓對方第一眼就能看明白我找他做什麼。

我的狀況。我會很明確地介紹我自身價值與目標職位之間的關聯度，以及我情感上對於這個職位的渴求。

我為什麼找您幫忙。我並非因為找不到工作，走投無路而想找您幫忙，而是在對您的過往了解之後，對您的一切深感認同，因此我願意把我最為重要的一份需求分享於您，不知您是否願意稍微提攜一下，創造一個小小的機會。

真誠的感謝。這部分必不可少，甚至可以加一句「我知道您很忙，如果您來不及回覆也沒有關係的」，以減輕對方被託付的壓力感。

2. 充滿認可，而非充滿歉意

很多自尊心強烈的人在求助的時候是充滿壓力的，因此向別人求助的時候表達的歉意滿滿。彷彿不是因為認可對方的能力而需要求對方的幫助，而是走投無路所以才想起讓對方幫助自己。

我們可以對比以下兩種求助模式：

（1）我一直覺得您是這方面的權威，您所有的觀點我都了解過，受益匪淺，所以想請求您在方便的時候指點一二，不勝感激。

（2）我實在是想不出來該怎麼辦了，只好找您了，我要真有其他辦法，也不會跑來麻煩您的。

雖然我們看到兩種求助的時候往往都會選擇幫助對方，但是第一種是抱著一種很愉悅、被尊重的感受來幫助對方的；第二種不僅會顯得求助者能力很弱，而且像是對被求助者的一種道德要挾，讓對方陷入了一種不得不幫你的場景，對方雖然可能會幫你，但是感受不到快樂，而像是背負著一種不得不承受的壓力與責任。

如果透過第一種方式建立了關係，一來二去很容易形成長期的交流；而第二種更像是走在大街上突然被人抱住了大腿求幫忙，是一種不得不發生的救濟，因此很難有一種快樂、愉悅的氛圍維持長期關係。

3. 保持回饋，讓對方感受到自己的價值

假如你出於愛心，捐助了兩名貧困山區的女童，兩人做出以下兩種回饋，你會願意持續為誰付出？

A 女童回應：非常感謝您的捐款！

B 女孩回應：謝謝姊姊的捐贈，過往的冬天我都是打赤腳走在山間上學的，因為您這次的捐助，我擁有了人生中第一雙運動鞋，真的好開心！原本兩個小時的山路現在一個小時就可以走到了；也因為您的捐贈，我第一次讀到了外國名著，我最喜歡的書是羅曼‧羅蘭的《約翰‧克利斯朵夫》，我以後也想成為英雄，能夠幫助許多像我一樣，在幽深的寒冷中依然擁有夢想的人。

A 女童的回應是一種普遍性的正常回應；B 女童的回應則不同，她描述了你的幫助給她帶來的價值。實際上我們幫助他人的過程就是在實現自我價值，對方對於這種價值和意義的表達，能夠強化我們做出這種行為時的意義感與愉悅感，是一種非常強烈的正面回饋，從而更容易調動起我們繼續幫助的行動。

在求助的過程當中憑藉這三種原則，能夠更容易讓對方享受幫助的過程，感受到這份幫助的意義與價值，從而加強對於雙方關係的認可。當你能讓某位大佬成為你的恩人時，要讓他心目當中形成的印象比你給他幫助還要深刻。因為對他而言，生活當中每天都會有願意為他錦上添花的人，這些人並沒有什麼稀奇之處，而你向他做出的求助，讓他有機會扮演一個無私的人，高尚的人，別人心目當中不可或缺的人，看似是他在幫助你，實際上是你幫助他完成了一種美好體驗。我們所有的良性關係都充滿了美好體驗，你們的關係也會因為這份體驗而更加緊密，充滿信任。畢竟，**成為別人生命中的貴人與恩人，也是自己莫大的尊榮。**

從他人選拔到自我定義，尋找屬於自己的終極自由

　　距離首爾 90 公里外的洪川郡有一處監獄酒店，每個房間只有 5 平方公尺，僅提供滿足人基本生存需求的最基礎的設施，入住的客人們就像進入監獄一樣，必須換上統一的衣服、主動交出手機、斷絕與外界的聯繫。入住房間後，房門將被工作人員反鎖，所有的餐食由工作人員定時配送，每一位入住的客人都過著像坐牢一樣的生活。

　　這種聽起來令人髮指的生活方式，卻讓繁華都市裡的人們趨之若鶩。他們專程從城裡開車來到這家飯店，體驗少則兩天多則七天的牢獄生活。很多人表示，在這裡雖然短暫地喪失了自由，但是卻脫離了那些紛繁複雜的攪擾和牽絆，讓自己在被「監禁」的時光裡，得以十分奢侈地與自己獨處，精神世界因為「監禁」而獲得了更大的自由。

　　生而為人，我們想要在社會上更好地生存，就必須進入各式各

樣的牢籠,但是為了理想中的生活,又必須打破各式各樣的牢籠。我們出生前繾綣在母親的腹中,過世後束縛在方寸間的骨灰罈裡,我們的一生都是被約束的一生,亦是尋求自由的一生。這些自由包括了我們的情感、我們的事業、我們的財富,以及我們精神世界的終極自由。自由,始終是一種與生命共存,又高於當下生命的感受。

從出生到長大,從校園到職場,從戀愛到家庭,我們始終在他人定義的標準當中被選拔、被定義、被要求,我們的「鐐銬」上面寫滿了被這個社會所認可的榮耀和自我掙扎帶來的裂痕。然而,我們的人生畢竟是屬於自己的人生,你是否想過,如果拋卻了外部的所有定義,自己到底是誰;如果有一天不以自己的人生經歷、工作職位、家庭關係、社會關係作為標籤,我們又該如何定義自己;如果有一天自己垂垂老矣,在病榻之上看夕陽西下,我們又該如何定義自己的一生;我們擁有的人生是自己主動選擇的嗎;我們選擇的一切都讓我們對自己更滿意了嗎;我們所經歷的人生多是出於積極意願還是被迫接受的;我們所做的一切是否曾讓這個世界有一點點不一樣……

有些幸運之人,在少年時代就洞悉了自己此生的使命,因此早早地走在一條正確的道路上,在很年輕時就開始發光發熱;有些人需到中年閱盡千帆之後,人生的海面上方才浮出路標。但無論何時,當我們開始挖掘自己、駕馭自己,並且忠於自己深思熟慮之後的自我意志時,就一定會發現未來的生命因此而變得不同:我們的一切

選擇都不再像曾經一樣困難，我們所做的一切努力都發乎本心，我們的一切成就都是自我意志的延伸，我們邁進的每一步都會通往更大的自由。

人們總是忙著努力，忙著放棄，卻很少分析自己的努力與別人的努力之間是否通往同樣的彼岸。如果我們只是在匆忙中盯著自己的同類、迎合著社會的要求、困頓於外部世界給我們制定的標準，只是永遠等待被選拔、被認可、被接納、被喜愛、被錄用，那麼這樣的人生永遠都沒有掌握在自己的手中，我們就只能在無限的規則當中爭取侷限的人生。

每個人的一生都是獨特的，都是自我意志由內而外的延伸，只有當我們真正地解讀了屬於自己的現實、駕馭了那些可以讓自己發光發熱的慾望、在形形色色的同類中找到屬於自己的最佳區位、在日復一日的實踐當中探索了自己天賦的極限，我們才可能明白自己的邊界在哪裡，自己應當向哪裡去，才不會因為這條道路而忐忑，也不會因為遇到困難而懊悔，更不會因為與他人的不同方向而感到困擾，因為我們知道，這是真正屬於自己的道路。

唯有這樣，我們才不會為了任何的短期利益與安逸而委曲求全或逃避；不會把人生的希望寄託在任何其他的人與物身上；不會隨波逐流成為他人意志的木偶，而是由內而外，由外而內地信任自己。像風、像雨、像海、像太陽，堅持自己引以為傲的屬性，過屬於自

己的一生。

　　站在二、三十歲的十字路口，我們通往的未來一定叫作自由。我們不斷地接受被選拔、被定義，是為了有朝一日在屬於自己的路徑上，自己定義自己。

　　書中所講內容都和人生的進取有關，希望你能從本書中得到啟發，成為「自己」這家公司最好的CEO。當我們能夠把自己擁有的所有資源運用到極致的時候，就已經擁有了最好的命運和最好的人生。

　　土耳其詩人塔朗吉在詩中寫道：

　　為什麼我不該揮舞手巾呢？
　　乘客多少都跟我有親。
　　去吧，但願你一路平安，
　　橋都堅固，隧道都光明。

　　在未來的人生路上，我們帶自己上路，我們為自己送行；我們是自己的旅伴，我們又是自己的主宰。

國家圖書館出版品預行編目(CIP)資料

破格啟航：七大章節剖析強者蛻變捷徑,開拓你的專屬成功道路 /
白輅著. -- 初版. -- 臺北市：八方出版股份有限公司, 2024.06
　　面；　公分
ISBN 978-986-381-238-8(平裝)

1.CST: 成功法

177.2　　　　　113006424

破格啟航

七大章節剖析強者蛻變捷徑
開拓你的專屬成功道路

2024年 6月27日 初版1刷 定價350元

著者	白輅
總編輯	洪季楨
編輯	葉雯婷
編輯協力	邱于軒
封面／內頁設計	王舒玗
發行所	八方出版股份有限公司
發行人	林建仲
地址	台北市中山區長安東路二段171號3樓3室
電話	(02)2777-3682
傳真	(02)2777-3672
總經銷	聯合發行股份有限公司
地址	新北市新店區寶橋路235巷6弄6號2樓
電話	(02)2917-8022・(02)2917-8042
製版廠	造極彩色印刷製版股份有限公司
地址	新北市中和區中山路二段380巷7號1樓
劃撥帳戶	八方出版股份有限公司
劃撥帳號	19809050